entre le deuil du monde
et la joie de vivre

DU MÊME AUTEUR

Traité de savoir-vivre à l'usage des jeunes générations, *Gallimard, 1967*; *« Folio Actuel »*, *1992*

Le livre des plaisirs, *Encre, 1979*; *Labor, « Espace Nord », 1993*

Le mouvement du Libre-Esprit, *Ramsay, 1986*; *L'or des fous, 2005*

Adresse aux vivants sur la mort qui les gouverne et l'opportunité de s'en défaire, *Seghers, 1990*; *rééd. 2002*

Louis Scutenaire, *Seghers, « Poètes d'aujourd'hui », 1991*

La résistance au christianisme. Les hérésies des origines au xviiie siècle, *Fayard, 1993*

Les hérésies, *PUF, « Que sais-je ? », 1994*

Avertissement aux écoliers et lycéens, *Mille et une nuits, 1996*

Nous qui désirons sans fin, *Le Cherche Midi, 1996*; *« Folio Actuel », 1998*

Dictionnaire de citations pour servir au divertissement et à l'intelligence du temps, *Le Cherche Midi, 1998*; *J'ai Lu, « Librio », 2007*

De l'inhumanité de la religion, *Denoël, 2000*

Pour une Internationale du genre humain, *Le Cherche Midi, 1999*; *« Folio Actuel », 2001*

Déclaration des droits de l'être humain, *Le Cherche Midi, 2001*

Le chevalier, la dame, le diable et la mort, *Le Cherche Midi, 2003*; *« Folio », 2005*

Salut à Rabelais, *Complexe, « Le regard littéraire », 2003*

Rien n'est sacré, tout peut se dire. Réflexions sur la liberté d'expression, *La Découverte, « Sur le vif », 2003*

Suite des œuvres de Raoul Vaneigem en fin d'ouvrage.

raoul vaneigem

entre le deuil du monde
et la joie de vivre

les situationnistes
et la mutation des comportements

verticales | phase deux

À Marguerite Tilte, ma mère
À mon père, Paul Vaneigem

I. Aveuglés par l'hiver, nous errons dans un printemps du monde qui nous demeure étranger.

Les réflexions suivantes ont été suggérées par les propos d'un ami pour qui j'avais rédigé une préface aux *Banalités de base*, parues en 1962 dans la revue *Internationale situationniste*, et rééditées par lui une quarantaine d'années plus tard.

Soulignant à quel point s'était exacerbé en quelques décennies le mélange de désarroi, de résignation, de veulerie, d'émancipation usurpée, de mercantilisme politique, d'imposture révolutionnaire, de décalage entre l'humain et l'humanisme, la générosité spontanée et la barbarie rentable, l'existence vécue et sa mise en scène spectaculaire, il s'étonnait que subsistât, sous le croupissement universel des consciences, cette incandescence qu'est la pulsion de vie, cette exubérance du vivant que la pusillanimité dissimule et n'exhibe que pour la condamner à la vanité des espérances et au sarcasme des chimères.

Notre époque n'est pas sans rappeler l'ambiance des années soixante que j'évoquais en ces termes : « Il n'est guère de phrases des *Banalités de base* qui n'aient été écrites dans les encres contrastées et entremêlées de l'alcoolisme suicidaire, d'une passion démesurée de l'éphémère et d'une rage d'anéantir le monde dominant, où il me semblait qu'une mort apocalyptique ne paierait pas d'un prix trop élevé la chance de trancher d'un seul coup toutes les têtes de l'hydre qui rugissait partout, des démocraties corrompues aux tyrannies baptisées du nom de communisme sur les fonts de la plus ignoble imposture, celle de l'émancipation. [...] J'appartenais au nouveau prolétariat qui découvre son dénuement dans l'abondance consommable. Rien n'a démenti à ce jour ce constat vieux de près d'un demi-siècle : "ce que nous subissons, c'est le poids des choses dans le vide. C'est cela la réification". »

On conviendra par ailleurs que, en dépit d'un mal de survie partout aggravé, les accents de l'exubérance insensée n'ont jamais cessé de retentir. Le feu de la vie couve en chacun, toujours près de s'alanguir, de s'éteindre, de se ranimer, de s'embraser d'une soudaine et irrésistible flambée.

J'ai voulu retrouver dans l'expérience vécue d'un passé chaotique les éléments dont la genèse et le devenir conféraient à mon présent une assise plus stable, sur laquelle fonder ce renversement de perspective que je n'ai jamais cessé d'appeler de mes vœux.

J'entends ainsi préserver mon existence de ces abdications ordinaires que constituent, sous couvert de la réalisation de soi, l'instinct de prédation, la réussite sociale, le repli mystique, l'exaltation apocalyptique du Grand Soir, du Ragnarök ou de la prépotence religieuse sur quoi débouche la rage de nous détruire en détruisant un monde qui a tout gagé sur l'échéance de la mort.

Plus que jamais le recours à la violence d'une vie à créer me paraît l'unique moyen d'en finir avec la violence mortifère, imposée depuis des siècles par l'exploitation de l'homme par l'homme. Mais comment faire pencher la balance en pesant plus que le poids du monde ? Comment briser le dogme de la faiblesse native de l'homme, si bien perpétué par nos préjugés ?

L'expérience vécue, quand elle ne se donne pas pour exemplaire mais s'interroge sur ses errements afin d'en tirer l'esquisse d'un bonheur à inventer, reste la pierre de touche de ce qui s'entreprend en faveur d'une société plus humaine.

C'est au départ de « ces matins blêmes, éthyliques, rageurs et joyeux où les *Banalités de base* se rédigeaient comme si le titre en dictait le contenu », que je souhaite retracer au fil de ses errances mon apprentissage du renversement de perspective. Ma démarche, on le devinera, n'obéit ni aux sollicitations de la nostalgie ni à la sotte remembrance des souvenirs. Le présent me réclame trop d'efforts pour que je songe à les disperser dans un passé dont je n'ai que faire, si ce n'est m'en dépouiller pour me mettre en quête d'aventures autres et autrement passionnantes.

Ce moi ancien qui m'englue et dont je me détache comme en découpant les pages encore blanches d'un livre à écrire, je me trouve à chaque instant confronté avec lui dans une entreprise, aussi incertaine que constante, qui m'enjoint de le dépasser. Il ne se passe guère de jours que je ne tente de me conforter à force de plaisirs cicatrisant les peines; à restaurer une plénitude pulvérisée sans trêve par les bombes à fragmentation qui resurgissent de l'oubli comme d'une terre jadis labourée par la guerre.

La pulsion de mort et l'instinct de vie tracent, au fil de nos incertitudes existentielles, une ligne de démarcation qui s'apparente à la zone de *no man's land* séparant deux pays hostiles. C'est un secteur à franchise indéterminée. Là se règle, en premier et en dernier ressort, le conflit où chacun, aux prises avec son indissoluble mystère, distingue à grand-peine ce qui le tue de ce qui l'affermit. Si bien que la plupart s'en désintéressent et le dédaignent, quitte à se désoler un jour ou l'autre de ses navrantes conséquences.

L'issue d'un tel affrontement affecte aussi bien notre destinée que le devenir du monde. Bon gré mal gré, nous sommes tous partie prenante d'un jeu où notre existence se forme et se déforme aux aléatoires coups de dés auxquels nous consentons, comme aux désirs dont nous méditons l'accomplissement avec une passion parfois insensée.

La tradition de l'infortune, installée de longue date, et dont nous héritons chaque fois que nous dédaignons d'affranchir des vieux réflexes prédateurs — ceux que les civilisés baptisent réussite et échec — les plaisirs naturellement ludiques de la vie quotidienne.

Ainsi sommes-nous induits à lasser et à laisser toute espérance en ce territoire des ombres où les hommes sont plus en quête des subsistances de l'avoir que de la substance de l'être. La facile conjugaison des dés pipés et des mains gauchies fait sans gloire triompher la tyrannie de l'absence et du vide.

L'angle sous lequel je souhaite aborder le sujet n'est pas — dois-je le préciser ? — celui d'une enquête où les responsabilités sont passées au crible et étiquetées par ordre de mérite et d'infamie.

Bon nombre de libelles se sont consacrés à cet intéressant exercice de la vanité aux abois. Je n'ai pas souci de livrer des informations inédites à des historiens friands de colmater leurs écoulements existentiels avec les rustines d'un situationnisme qu'ils vénèrent à la hauteur de leurs propres carences.

N'ayant jamais pris la contestable liberté de parler au nom des autres, j'entends ici, comme je l'ai toujours fait, me référer à ma seule expérience personnelle.

Il n'entre pas dans mes intentions de convaincre de ce qui me demeure une évidence — serais-je le seul à la partager : il s'est produit en mai 1968 un séisme et une rupture avec le passé d'une magnitude jamais atteinte dans l'histoire.

Une civilisation a pris fin avec une discrétion à laquelle ne nous avait guère accoutumés le tapage suscité à l'ordinaire par les bouleversements qui en ont jalonné et perturbé le cours.

Ici, aucune terreur apocalyptique, aucun déferlement messianique, pas de déluge annonçant le triomphe des Saints, des Justes, des Purs. Ni insurrection, ni massacre, ni fusillade. Un tumulte assez anodin, bon enfant, presque folklorique avec des barricades que les chars d'assaut eussent balayées sur-le-champ si le pouvoir avait daigné les jeter dans la rue. À peine une fissure dans le béton d'une société monolithique, mais une de ces fissures dont les zébrures persistent, se multiplient et, en ne cessant de s'agrandir, rongent et corrompent le matériau le plus solide.

À la faveur de cette infime lézarde, s'est profilé puis installé, presque commodément, le sentiment que rien ne serait plus comme avant. La simple idée d'occuper les usines et les bâtiments publics — au reste déjà formulée, voire précédemment pratiquée — a accompli soudain un pas timide, et cependant décisif et irrépressible, vers la réappropriation de la terre par les êtres humains qui en avaient été exilés.

Combien de décennies faudra-t-il pour que l'on convienne qu'un changement radical s'est alors opéré dans l'évolution de l'homme et dans le cours du monde ? Sans doute le temps que se substitue au traditionnel réflexe prédateur un comportement qui fait primer l'humain sur la barbarie marchande.

Ce qui en mai 1968 s'est exprimé avec la lucidité d'une brusque et brutale révélation n'est rien de moins que le refus de la survie au nom de la vie.

De même que la Révolution française a tué Dieu, le Mouvement des occupations a sapé, au grand jour, les piliers de soutènement d'une civilisation millénaire, déjà minée souterrainement et qui en est désormais réduite à célébrer les funèbres fastes de son délabrement.

Le déclin du système agraire impliquait l'éradication du Monarque céleste et du roi, son représentant autoproclamé. Le despotisme était consubstantiel à l'Ancien Régime.

Le tyran dûment condamné, la conscience révolutionnaire a exécuté la sentence. La décollation du potentat de droit divin a décapité Dieu et dilacéré l'image d'un ordre universel et immuable.

Le cadavre de Dieu n'en a pas moins persisté à propager ses miasmes, à souiller de sa corruption les sociétés qui en perpétuaient le souvenir, à faisander les corps et les consciences bien au-delà de l'échafaud physique et métaphysique où il avait « rendu l'âme ».

Cependant, l'illusion de sa toute-puissance n'est pas ressuscitée et ne ressuscitera pas. Seuls ses simulacres, voués à la désuétude, arment encore l'armée des spectres qui surgit partout où la vie se décime.

L'ironie de notre époque, c'est que, trois siècles après avoir été résolument déicide, trois siècles après avoir établi, avec les Droits de l'homme, la base de nos libertés formelles, le libre-échange resserre son étau mortel autour de la planète et pressure de son despotisme les restes d'une vie, réfractaire à l'état de marchandise.

Nous sommes confrontés à des conditions qui, *mutatis mutandis,* évoquent l'immobilisme croupissant des vieux régimes agraires. Il y a tout lieu de penser que le garrot de l'argent, qui bride et dévoie l'essor des énergies naturelles, sera tranché par le couperet le plus salutaire qui soit, l'irrésistible primauté de la vie.

Lorsque les situationnistes ont souligné le caractère invivable de la civilisation marchande, tout semblait s'agencer pour les démentir : la consommation triomphante n'ouvrait-elle pas au prolétariat les portes d'une démocratie de libre-service, prophétisant l'ère du bonheur avec les fanfares de l'euphorie promotionnelle du marché ?

Nous pressentions les ravages d'une entreprise de décervelage qui, sans recourir à une propagande brutalement assénée, semait partout les germes d'un hédonisme consommable en inaugurant un paradis mercantile, accessible à tous en échange d'une modeste contribution financière.

Cinquante ans plus tard, un conglomérat de rêves publicitaires offerts au prix d'une existence vidangée de ses vrais désirs et, partant, de sa substance vivante, continue de fasciner de son inanité le désarroi existentiel des masses prolétarisées.

Jamais la misère de l'appropriation consumériste n'a autant hanté la misère de ces peuples si proches de la vie et si éloignés d'oser la saisir.

C'est le pressentiment d'une existence désincarnée qui, en mai 1968, embrasa le cœur multiple où s'étaient propagées l'aversion de l'ancien et l'appétence du nouveau. C'est l'absence de conscience qui provoque aujourd'hui chez nos contemporains une pandémie de servitude volontaire, condition particulièrement favorable à cette forme aiguë d'intelligence anéantie qu'illustre, dans le règne animal, l'encéphalite spongiforme issue des mauvais traitements et de la dénaturation.

À l'encontre d'une crétinisation qui, à vrai dire, n'était pas un phénomène nouveau mais dont les causes faisaient depuis peu l'objet d'une analyse et d'une critique combative — la radicalité dadaïste, voire surréaliste, n'y étant pas étrangère — les situationnistes affirmaient qu'une force de vie était à l'œuvre, appelée à se recréer sans trêve.

Quel était le point d'appui offert au levier qui renverserait le vieux monde? Le processus d'autodestruction qu'enclenchait un système où la consommation se dévorait elle-même en sacrifiant à l'inutilité rentable la production de biens utiles. J'ai sous-estimé à quel point le fétichisme de l'argent disposait du pouvoir aberrant de tirer un profit immense, immédiat et éphémère de l'inutilité et surtout d'une vie sans usage.

Suspecter de réformisme Murray Bookchin, dont les préoccupations écologiques nous paraissaient accessoires, m'a empêché à l'époque de déceler dans ses premiers témoignages sur l'avenir de l'écologie l'émergence d'un néocapitalisme dont le dynamisme opposerait à la dévastation par l'inhumanité rentable un réassortiment de marchandises humanisées à la hâte.

L'emballage a changé, mais ce qu'il enveloppe reste le même : la cupidité, la prédation aveugle et la lucidité du profit. C'est ce marché de la purification éthique qui prône le retour à la valeur d'usage, au commerce équitable, à la renaturation de l'agriculture, à l'écotourisme, aux énergies non polluantes.

Dans les années soixante, je pensais que seule une république des conseils réglerait la gestion de notre environnement. Maintenant que j'ai pris conscience de la mutation des forces productives, j'en suis plus convaincu que jamais. Applaudir au développement des énergies alternatives sans les mettre au service de l'autogestion, c'est donner des gages à une exploitation en habits neufs, aussi retorse que l'ancienne.

Travailler à la destruction d'un monde qui s'enrichissait de ses propres ruines sans en bâtir un nouveau nous exposait au risque d'agir en osmose, voire en complicité avec celui que nous étions résolus d'éradiquer.

Pour briser l'emprise du passé et libérer le présent de son emprise délétère, j'ai plus souvent excipé d'un volontarisme subjectif que d'une volonté de vivre dont l'histoire restaurait les assises. Ma conscience du corps « cherchant naturellement son bonheur » n'était elle-même exempte ni de confusion ni de choix malencontreux.

Lorsqu'un ami médecin, me chapitrant sur l'éthylisme qui m'avait soudain maculé la peau de plaques rouges, m'avertit du risque de gâtisme et de mort que j'encourais, je ne fis qu'en rire. Il lui a suffi en revanche d'évoquer à court terme le danger d'incapacité sexuelle pour que le déclic s'opérât. Je ne cessai pas de boire mais je bus à bon escient et, s'il fallut quelque temps encore pour que l'idée fît son chemin et finît par s'incarner, il m'advint un jour de ne lever résolument mon verre qu'à la vie, à la santé, au bonheur, à une intensité qui me dispensât de l'éphémère.

La gravitation morbide qu'exerçait en moi le péril d'une dénaturation qui ne datait pas d'hier me paraissait s'accroître paradoxalement de la lucidité avec laquelle je la saisissais pour l'exhiber sous ses évidentes et modernes manifestations. Tel un praticien qui, scrutant les progrès du mal dont il souffre, le négligerait pour s'enorgueillir de la justesse de son diagnostic, je m'infatuais de dénoncer l'inacceptable en le protégeant en quelque sorte comme une souillure dont je m'arrogeais le privilège d'analyser les miasmes.

À la parution du *Traité*, je me suis irrité de voir nombre de lecteurs s'arrêter à la critique de la survie pour justifier leur impuissance à affronter une malédiction si bien agencée pour les maintenir en sujétion.

La conscience de l'aliénation la conforte dès qu'elle occulte les moyens de s'en émanciper.

Si sensible que je fusse à ce chant de la terre dont je percevais confusément les échos, je n'ai pas soupçonné qu'à travers les remous chthoniens sous-jacents au refus du sacrifice, du travail, de la transcendance céleste s'esquissait une économie qui opposerait un jour au capitalisme spéculatif et stérile un nouveau système marchand, tirant ses bénéfices de produits renouvelables, renaturés, emballés dans l'éthique et l'humanitaire.

Davantage de clairvoyance m'aurait autorisé à donner à la vie, à la force vitale agissant en nous, cette assise concrète qu'assurent à tout processus historique le développement de l'économie et le passage d'une forme de production à une autre.

La vie étant pour les intellectuels une substance inconnue, si ce n'est sous sa forme conceptuelle, il ne manqua pas de beaux esprits pour déceler du mysticisme dans ma célébration du vivant. Plus tard, en dépit de précisions réitérées : « Il ne s'agit pas d'applaudir à la mutation du système mais de l'analyser et de se fonder sur lui pour le dépasser », les mêmes mettront leur perspicacité à suspecter en moi un gourou, voire un agent du néocapitalisme.

Alors que les éoliennes commencent à fleurir, la plupart des contemporains restent engoncés dans l'hiver et ses frilosités. Pétrifiés, au singulier et au pluriel, dans l'irrésolution des hommes à devenir humains, ils continuent d'ignorer le printemps de la vie et laissent nos ennemis y implanter les germes de la corruption.

Chacun de nous est pourtant le jeu et l'aboutissement, sans cesse rejoué, d'une histoire individuelle et collective, dont les règles et les dérèglements obéissent, plus qu'il n'y paraît, au démon de l'analogie. J'y songeais en me remémorant la rédaction, tout en contraste, des *Banalités de base*, écrites en 1962 dans un mélange d'exaltation et de désespérance rageuse.

Un Majorquin fortuné, dont l'anti-franquisme mesuré devait beaucoup au commerce de fruits qu'il gérait à Bruxelles, avait proposé à mes parents de résider dans l'orangeraie qu'il possédait aux abords de Palma, à charge pour eux de s'occuper de la cueillette des agrumes et de la comptabilité.

Je les rejoignais chaque année dans les mois torrides de juillet et d'août. J'étais censé connaître là un de ces bonheurs sans nuages dont la publicité excelle à cerner l'image pour vendre sa pacotille.

Entouré de ma fille Ariane que j'adorais, de mes parents pleins de sollicitude, d'une épouse dont l'affection et la prévenance me donnaient le loisir d'écrire, je n'éprouvais que cette peine de vivre où l'on se ronge de ne se rassasier jamais. J'étais comme un chien affamé, lacérant de ses griffes la porte d'un garde-manger.

Il fallait s'accommoder tant bien que mal de mon cynisme, de mon libertinage, de mon éthylisme, de mes humeurs versatiles et tyranniques. Sans rien renier de ce passé dont je suis issu, le portrait sans complaisance que j'eusse pu brosser de ma brillante et odieuse personnalité me paraîtrait pire aujourd'hui que celui de Dorian Gray.

Transitant par Barcelone où j'accompagnais la Bruxelloise et dynamique Mitzi Vandencruyce, qui à l'âge de dix-huit ans s'était engagée dans les Brigades internationales avant de rejoindre les anarchistes de la CNT-FAI, je livrais à ses amis, le plus souvent au parc Güell et selon un scénario que n'aurait pas désavoué l'ironique John Le Carré, des pamphlets et des tracts situationnistes, insérés entre des pages collées de la revue *Playboy*.

Mais au carrefour de tant de chemins pavés par l'enfer quotidien, comment trouver l'apaisement d'un paradis surgi inopinément du désir ? Ce que le langage des esclaves appelait « vacances » exprimait en réalité une vacuité existentielle que j'exorcisais par un embrasement de plaisirs m'emplissant moins d'ardeur que de fumées, étouffant la passion sous l'âcreté de ses faux-semblants.

Dès les premières nonchalances d'août, je succombais prématurément au dégoût qui me happerait en septembre, quand le tailleur du grand ordinaire découperait à l'aune du travail l'uniforme de mes jours et de mes nuits.

J'avais beau éprouver le plaisir de prodiguer à des élèves, avec qui j'entretenais une relation d'affection et de complicité, un enseignement où la curiosité déterminait la connaissance, je détestais le cadre et la mesquinerie bureaucratiques dans lesquels mon exubérance était confinée et vouée à se meurtrir. Telle était la « dure réalité des choses » comme disent, à défaut de la vouloir changer, les résignés et les crétins.

L'hédonisme compensatoire m'apparaissait comme un redoutable pis-aller, avec l'amertume que laissent au petit matin les amours acharnées à masquer un amour qui n'est pas. Ainsi que je l'écrivais dans *Banalités de base*, j'appartenais au « nouveau prolétariat qui découvre son dénuement dans l'abondance consommable ».

À Palma de Majorque, installé dans le patio, dès cinq ou six heures du matin, j'abreuvais mon inspiration d'une décoction de café au cognac, suivie à intervalles réguliers de verres d'absinthe pure. Quand venait l'heure du soleil trop intense et des jus d'orange, la pensée ne consentait plus qu'à d'intermittentes clartés. Elle continuait sur sa lancée, formant d'absurdes brouillons que je récrirais et déchirerais le lendemain. L'après-midi était dévolue à la sieste et aux bistrots du quartier.

Jour après jour, chaque page s'ouvrait aux premières lueurs de l'aube, avant que la torpeur graduelle eût raison de ma lucidité et de mon ardeur créative. Cet alourdissement mental et corporel, auquel je succombais volontairement, revêtait la tournure morbide et complaisante d'un retour au vieux monde et à l'incertain confort de fakir que la consommation en vogue offrait à ses clients.

Est-ce de m'éveiller ainsi à la vie pour m'assoupir, sous le signe du grand midi, dans l'ennuyeux exutoire des routines hédonistes qui m'a induit à ancrer dans un passé lointain une réalité que l'histoire a refoulée, jusqu'à ce que la culture, en quête de racines à se mettre sous la dent, en découvre l'existence ?

De la lecture des écrits de Laura et de Raoul Makarius sur les civilisations d'abondance, antérieures à la révolution agraire et à la naissance de l'ère marchande, date mon intérêt pour les périodes solutréenne, aurignacienne et magdalénienne.

Sans doute n'ai-je pas échappé, dans l'obstination avec laquelle je n'ai cessé de revenir sur le sujet, à des simplifications abusives, à des erreurs de néophyte, à des extrapolations contestables. Néanmoins, en quelques décennies, la connaissance de l'« aube de l'humanité » a progressé régulièrement.

Si une expression convenue, voire stéréotypée, mérite d'être prise à la lettre, c'est bien celle-là. Tandis que l'économie totalitaire obscurcit les consciences et les entraîne dans son naufrage planétaire, il n'est pas un matin qui n'éveille à ce monde lointain, lorsque, sortant des brumes de l'animalité, l'humanité en gestation esquissait son devenir, cherchant dans le concours des éléments naturels un accord entre création de soi et création du monde.

Cette ligne de vie, écartée de son orientation originelle, dévoyée par une histoire abruptement soumise à un système économique dont le devenir se substituait au sien, il me semble en avoir revécu, intensément, confusément, sans trêve, le cours contrarié.

J'ai l'impression que n'a jamais cessé de se répéter en moi cette rupture entre le moment où m'installant dans le patio de Son Ametler, à Pont d'Inca, faubourg de Palma, je rédigeais les *Banalités de base*, et l'abrutissement qui m'étreignait quelques heures plus tard en des frénésies de naufragé, dont chaque inspiration est une bouffée d'angoisse.

Les *Banalités* étaient le premier texte où je me mesurais à moi-même et à l'histoire. Je dis bien « mesurer », car le terme exprime, dans l'exécration que je lui porte, une désaffection de soi contre laquelle j'ai pris l'habitude de rechigner jusqu'à m'en débarrasser comme d'une présence importune.

Je perçois mieux aujourd'hui à quel point la banalité d'une expérience quotidienne m'a suggéré l'hypothèse d'une humanité dont l'évolution s'affinait peu à peu en privilégiant cette faculté de créer qui est le propre de l'homme; d'une civilisation refoulée dans l'oubli par celle qui, des premiers États-cités issus de l'agriculture intensive, nous imposerait son inhumanité pendant près de dix mille ans; d'une ligne de vie brisée par la nécessité de survivre en travaillant.

Comment aurais-je été le seul à ressentir la distorsion entre le désir de vivre selon mes désirs et la mise en demeure d'y renoncer? Et comment les exigences libidinales de l'aube n'auraient-elles pas été induites à s'inverser sous le poids laborieux du jour, à déverser en torrents et en tourments de rage une exubérance si obstinément contrecarrée?

À défaut d'illuminer les matins du monde, ma lucidité réinventait la nuit pour la mieux déchirer de ses clartés.

Comment aurais-je pu admettre et comprendre à

l'époque que la volonté de subversion nourrie par le ressentiment n'est qu'une forme insidieuse de résignation ?

Cette hypothèse d'une humanité dont les avancées avaient été faussées et usurpées par les progrès de la marchandise, non seulement rien n'est venu la démentir mais, tels ces objets que les vagues souterraines du temps font émerger des profondeurs de la terre, d'incessantes découvertes révèlent la surprenante richesse des civilisations antérieures à l'exploitation lucrative du sol et du sous-sol.

Nous sommes les misérables héritiers d'un pouvoir patriarcal qui, dès l'instauration des États-cités, a imposé le despotisme de la marchandise, le travail, chargé de la produire et de la sacraliser, et le mépris de la vie sacrifiée à la survie.

L'impasse de l'invivable, où nous a menés le culte effréné du profit, fait resurgir, parmi les embranchements labyrinthiques de l'évolution de l'homme, d'autres voies de développement et d'expansion.

Le viol et le pillage de la terre, reproduisant selon l'esprit, l'instinct de prédation dont tentaient de s'affranchir les collectivités les plus évoluées du paléolithique, ont provoqué une régression de l'humain, une involution désastreuse que nous entreprendrons de briser à l'endroit et au moment où les énergies dévastatrices tomberont en désuétude. Il y va du sort de la planète et des espèces vivantes.

Mai 1968 a été, sinon le premier cri d'alarme, du moins le premier cri d'alerte, le premier « qui vive ? » jeté, dans un mélange d'inquiétude, de provocation et d'espoir, à la face d'une société suant la morbidité et l'agonie — les bulletins de bonne santé que les folliculaires nous délivraient à l'époque étaient cependant des modèles de rigueur médicale à côté du délire funambulesque des bilans aujourd'hui affichés.

Pour la première fois, le rêve de l'homme renaissant à l'humain, tel que les esprits les plus libres et les plus éclairés l'avaient imaginé pendant des siècles, fut vécu viscéralement. Une vie, que l'imprégnation du doute rendait incertaine en sa puissance, accédait à l'orée de nouvelles certitudes dans la fulgurance d'une réalisation possible.

Les valeurs dominantes, marquées pendant des générations au sceau de l'immuable, voyaient s'effriter le socle sur lequel s'était érigée leur prétendue éternité.

Même si de nos jours l'obscurantisme tresse à l'abrutissement imbécile des couronnes de laurier, dites-vous que la nuit des consciences n'aura qu'un temps. La table sacrosainte des valeurs patriarcales a été définitivement rompue.

C'en est fini de l'exploitation de la nature, c'en est fini du travail, de l'échange, de la prédation, de la séparation d'avec soi, du sacrifice, de la culpabilité, du renoncement au bonheur, du fétichisme de l'argent, du pouvoir, de l'autorité hiérarchique, du mépris et de la peur de la femme, de la subornation de l'enfant, de l'ascendance intellectuelle, du despotisme militaire et policier, des religions, des idéologies, du refoulement et de ses défoulements mortifères.

Certes, les idéologies au rancart ont été rafistolées à la hâte, remises en chantier. Moins le travail est utile, plus il a d'affidés. Le culte de l'argent réconcilie les marchands et le temple.

Les démocraties corrompues sont obsédées par le vieux despotisme oriental colmatant ses lézardes avec la peur de la femme et les hantises du mâle dont le pouvoir vacille.

Apeuré par la modernité et ses faux-semblants, le populisme ressuscite l'homme au rabais, celui qui s'est revendiqué inlassablement de l'esprit céleste pour bâtir les citadelles inhumaines où les sociétés se confinent.

Sous le pressoir œcuménique de la marchandise, les religions se vident de leur substance dogmatique et rythment de leurs soubresauts une danse macabre partout réorchestrée pour électriser les adeptes de la mort.

Les idéologies défuntes ont beau ajouter leur grouillante purulence au cadavre des religions, il n'y a plus ni idées ni croyances qui ne se trouvent dénuées de sens, éviscérées, réduites à cet état de charogne emblématique, à quoi se rallient si aisément les foules galvanisées par la haine et le désespoir.

Le nihilisme triomphe avec ses visions et ses bénéfices à court terme. Le capitalisme gâteux n'entreprend plus rien ; mieux, il sacrifie à la spéculation boursière l'industrie et les services publics, qu'il s'enorgueillissait hier de promouvoir.

La révolte s'est faite affairiste. Il existe — plus qu'une connivence ou une complicité — une communion d'esprit entre la brute de banlieue qui brûle les écoles et les bibliothèques et la brute affairiste qui les détruit pour accroître ses bénéfices aux dépens du bien public. Si la prédation règne partout, celle de la base, plus instinctive que légalement organisée, est aussi plus proche de l'instinct de solidarité qui la révoque. J'y reviendrai. Le capitalisme ne tire désormais ses profits que d'une autodestruction programmée. Qu'en tous lieux roulent les mécaniques du prédateur !

La déshumanisation progresse et passe pour la norme dans le concert des lamentations ordinaires. L'insensibilité fait marcher la machine à décerveler du profit. Sous le coup de torchon du néant, le sentiment d'inexistence en vient à effacer la conscience d'une vie à créer.

Indéniablement, voilà l'état du monde, voilà ce qu'il nous met sous les yeux. Néanmoins, les dés sont pipés et les parties truquées. La lumière des artifices ordinaires ne livre au regard que le revers des choses, ou plus exactement cette inversion que banalisent les choses dites « de la vie » parce qu'elles la remplacent par des faux-semblants.

L'œil s'ouvre sur un trop-plein de clarté qui l'aveugle. Les prêtres du négatif appellent lucidité la vile soumission à laquelle ils se résignent en abdiquant devant des gestionnaires de faillites, des créatures aussi dénuées qu'eux de créativité mais mieux rompues à user de la négativité comme d'une massue capable de réduire en bouillie financière tout ce qui remue.

La morgue des clairvoyants dénonçant la perdition du monde n'est plus que le grotesque écho de l'arrogance mafieuse qui, des ghettos de riches aux ghettos de pauvres, bâtis sur les ruines de la conscience de classes, excelle à en tirer profit dans les arènes de la compétition. Petits casseurs de gauche, vos maîtres sont à droite et se rient de vos pavés!

Le vide produit par le fétichisme de l'argent aspire tout sur son passage et tout tient à une seule force, celle du spectacle. C'est le rien qui a force de loi et régit la formidable inertie selon laquelle le monde dévale vers sa perte.

Telle est l'évidente vérité de notre temps. À ceci près : qu'apparaisse une lueur dans les méandres de l'existence, que se profile une issue au sein des égouts où l'ordinaire se déverse, et la vie reprend du poil de la bête, retrouve avec le ressort de la génitalité le génie de l'affiner en amour et en créativité.

Je ne prophétise pas une brusque détente du vivant trop longtemps comprimé, je mise sur une échéance secrètement apprêtée, j'aiguise par avance cette conscience qui, en dépit d'intermittentes régressions léthargiques, lui imprimera son sens humain.

Difficile et douloureuse est la naissance de l'être quand de surcroît les fonts baptismaux lui brisent les reins. Une existence sans joie est un jardin des supplices, les seules fleurs sont celles du tourment, de la souffrance et du sang, les phalènes cherchent les clartés multicolores de la mort pour se consumer dans l'illumination d'une fête funèbre.

Vous qui cherchez des raisons à ce que vous appelez du mot à la mode « terrorisme », vous arrive-t-il jamais de descendre dans votre jardin intime ?

Pourtant, si réduits que nous soyons à avancer, à reculer, à errer sans relâche dans la brume des apparences et la crétinisation dissolvante de l'ennui, quelle capacité, en nous, de résister, de résister encore, aussi longtemps que le sang nous irrigue !

Aucune révolution n'est le fruit de ceux qui la prétendent instaurer. Elle procède d'une économie dont la permanence tient à l'exploitation des ressources terrestres et humaines, et dont les variations dépendent du dynamisme et de la stagnation de la marchandise.

La pression du libre-échange a brisé l'immobilisme de la structure agraire et permit l'expansion industrielle. La consommation de masse a engendré un profit supérieur à la traditionnelle plus-value, fournie par le secteur de la production.

Parce que la valeur d'échange s'est mise à croître aux dépens de la valeur d'usage, l'investissement industriel rapporte moins que la spéculation boursière et ses bénéfices à court terme. L'inutilité est rentable. Le capital s'accroît d'une vie sans valeur.

Le passage aux énergies naturelles et renouvelables suscite un nouveau dynamisme du profit. Si nous n'y prenons garde, nous allons payer très cher la gratuité du vent, du soleil, de l'eau, de la biosphère.

La conscience est révolutionnaire quand elle se fonde sur une mutation économique pour former le projet d'une mutation humaine.

Que n'a-t-on glosé sur le caractère inattendu de Mai 1968! Surprenant? Pour qui?

Pour les penseurs de l'époque, les mandarins à la mode, les intellectuels auxquels nous accordions l'honneur excessif d'un crachat, les adulateurs de Mao, de Castro, de Trotski et autres détritus qui se réfèrent à Marx comme les nazis à Nietzsche.

Pour le tout-venant des philosophes, politologues, phénoménologues, sociologues, psychologues, économistes, experts en vacuités, artistes et arrivistes, pressés d'accéder à une renommée où ils barboteraient dans leur amère et authentique nullité.

Les situationnistes n'ont pas pronostiqué l'échéance de Mai 1968. Ils se sont contentés, avec une patiente obstination, d'en préparer l'éclosion. Pendant dix ans, leurs idées ont exercé un travail de sape d'autant plus efficace que s'opérait la fusion lente de la conscience et de la difficulté d'être.

Les deux livres qui ont le plus sûrement informé de la fin de la civilisation marchande et de la naissance d'une civilisation humaine ont vu le jour « typographiquement parlant » en 1967.

Nietzsche, Pouget, Dada, Vaché, Kafka, Crevel, Péret, Breton, Daumal, Gilbert-Lecomte, Artaud, Reich, Lowry avaient été nos éveilleurs et nos compagnons de route. Si nous n'étions pas les seuls à en reconnaître l'importance, du moins leur avons-nous épargné le statut de potiches, que la culture leur attribue en les cantonnant à l'esthétique.

Marx et Fourier, érigés en quelque sorte en « passion mécanisante », nous prémunirent contre la tentation intellectuelle de louer les grands hommes, de les sacraliser et de les tenir à l'écart d'un monde que nous voulions transformer radicalement, parce qu'en lui résidait précisément la source de ce mal de survie dont ils nous livraient l'analyse.

Bien que les idées situationnistes soient restées, pendant des décennies, sous la chape du silence, leur influence n'a pas été moindre que celle, en leur temps, des encyclopédistes, de Diderot, de Rousseau, de Voltaire, de Hegel, de Marx.

Je ne dis pas que leur travail de sape des idéologies et de la philosophie a provoqué le séisme où le vieux monde a vacillé pour lentement, trop lentement s'effondrer.

L'Internationale situationniste fut seulement la conscience de quelques-uns propageant à la conscience d'un grand nombre le malaise de notre civilisation et les moyens d'y remédier.

Le silence n'a fait que changer de forme depuis que le situationnisme a rejoint le spectacle culturel, dans le charroi du dadaïsme, du surréalisme, du lettrisme et de Cobra. Une dissimulation chafouine continue d'occulter sa substance radicale et l'obscur rayonnement qui en émane.

Il faut le redire : Mai 1968 a été l'expression sociale et psychologique d'une de ces mutations par lesquelles l'économie brise sa structure archaïque, devenue inadéquate, pour libérer sa nouveauté et se régénérer par un dynamisme conquérant. Ainsi la Révolution française est-elle née, nul ne le conteste, du libre-échange et de sa nécessité de rompre l'entrave des octrois et des postes de péage dont le régime agraire l'accablait.

Les prémices d'effondrement du *welfare state*, nous les avons perçues, non par science infuse, mais existentiellement, à travers le mal de survie qui nous rongeait. À moins que la science infuse soit précisément cette intelligence sensible de l'intolérable et du désirable qui perçoit dans une masse monolithique les fissures qui la déliteront tôt ou tard.

Le bien-être consommable agissait alors comme un aimant ralliant deux forces divergentes, un prolétariat fasciné par la démocratie de marché et une bourgeoisie tirant de l'engouement consumériste une plus-value supérieure à celle que lui procurait le surtravail dans les usines.

Qu'y a-t-il de changé, maintenant que l'état de bien-être tombe en ruine et que seuls la paupérisation et l'affairisme de gauche comme de droite progressent au même pas ?

Ceux qui, en 1967, n'ont rien vu venir, ceux qui ironisaient sur l'incongruité de la révolte chez un peuple pénétré par la grâce d'acheter à tempérament voiture, vacances et bonheur, ont fidèlement transmis leur crétinisme prémonitoire à leurs dignes héritiers, les « petits crevés » aux ambitions d'esclave qui, le diplôme entre les dents, crapahutent sur le marché du travail sans s'apercevoir que le monde est en flammes et que tout ce qui reste à sauver, c'est la vie.

Quelque part, tandis que les vieilleries s'effondrent, l'humain se rappelle à nous comme le mouvement perpétuel, que tout entrave et que rien n'arrête.

Je ne prétends pas que nul avant moi n'ait pris conscience de l'imposture qui consiste à confondre la vie et la survie. Je refuse simplement de prêter des ailes à une existence qui les rogne en les réduisant aux moignons de l'espérance et aux envols simulés.

L'exhortation à changer le monde, à changer la vie, à réinventer l'amour ne date pas de ce que les folliculaires baptiseront les « événements de mai 1968 » et qu'un soudard, qu'avaient porté au pouvoir les électeurs séduits par le mépris qu'il leur vouait, s'était avisé d'appeler une « récréation ».

Il y avait de l'à-propos, il faut en convenir, dans l'évocation inopinée d'un retour à l'enfance, et pas mal d'humour désabusé dans l'injonction de reprendre le travail et d'en revenir à la normalité. C'était une époque où il subsistait chez les hommes d'État une intelligence dont leurs héritiers se font une gloire d'être dénués. *Sic transit gloria mundi.*

Le Mouvement des occupations a dénoncé le caractère insupportable de la survie sans saisir l'occasion de rendre au monde et à l'homme son enfance, sa nouveauté originelle, son devenir de créateur, entravé pendant des siècles par le despotisme économique.

La critique du travail et de la crise existentielle qu'il suscite est restée cantonnée à une vitrine, celle d'une intellectualité avide de briller en se démarquant des idées reçues.

Le résultat? L'esprit laborieux règne plus que jamais. Les soixante-huitards s'en sont faits les parangons, avec le cynisme de ces prêtres qui propagent leurs croyances sans y accorder foi personnellement.

L'absence de créativité a acquis sur le marché de la nullité une valeur de plus en plus appréciable. Des écrivains, des artistes, des chanteurs, des penseurs, des cinéastes qui hier se fussent infatués de leurs qualités authentiques ou fictives gagnent aujourd'hui davantage à confesser leur médiocrité qu'à exciper de leurs aptitudes.

L'indigence leur tient lieu de talent. Ils imitent les hommes politiques que la plèbe honore parce qu'ils hantent les mêmes sentines de la cupidité, où ils font leurs déjections en appelant « croissance économique » l'accroissement de leurs besoins fétides.

Que la contestation s'accompagne, dans tous les domaines, d'une carence totale de créativité, comment s'en étonner ? Pas d'idée, pas d'imagination, si ce n'est dans les cliquetis de l'agiotage et de la combine mercantile.

Cinquante ans plus tard, les idées radicales de Mai 1968 font toujours partie d'un univers parallèle, celui de la vie, qui reste invisible au regard le plus perçant de la réalité marchande.

Pourtant, l'approche d'un autre monde s'est faite plus précise à la faveur d'une lente mutation où le capitalisme archaïque, boursicoteur et figé, se heurte aujourd'hui au dynamisme d'un capitalisme battant pavillon de l'écologie.

Le temps est révolu d'étouffer sous la chape de plomb où le vieux libéralisme s'asphyxie à force de dégager de la valeur d'échange sans valeur d'usage. Cessez de parodier les luttes insurrectionnelles de jadis.

Le discours sur l'autogestion, l'occupation des entreprises, le projet d'une société conseilliste est tombé en désuétude ? Il le restera tant que vous dédaignerez de le fonder sur l'émancipation des individus, tant que vous négligerez d'établir cette vérité de base : dès l'instant où les problèmes d'organisation revendiquent la première place, le pouvoir pointe le nez, flaire sa proie et claque de la gueule.

Une nouvelle cartographie se dessine ; elle découvre des territoires que la radicalité de Mai 1968 ensemencera tôt ou tard, parce que leur fertilité est celle d'une force de vie toujours occultée et à jamais invincible.

L'histoire marche à petits pas, et certains de ces pas sont nôtres. Les énergies naturelles ne sont-elles pas à la portée des collectivités urbaines et campagnardes ? L'agriculture naturelle, les biocarburants, l'énergie solaire, le méthane, le tissage, l'architecture vernaculaire, l'artisanat, les microcliniques, le traitement des plantes à des fins thérapeutiques brisent les relations de dépendance dans lesquelles nous maintenaient les puissants lobbies du pétrole, de la pharmacie, de la chimie, qui forment le projet de se reconvertir et de piller notre biosphère sous couvert de la protéger.

Ne vous laissez pas duper, une fois encore : ce qui s'affirme comme l'alternative salvatrice à la spéculation boursière désertifiant la vie et la planète n'est rien d'autre que la marchandise revêtue d'une dépouille d'honnête homme.

Pour révéler sa substance à la révolte épidermique que suscitaient la colonisation consumériste et l'illusion du bonheur, il a suffi de peu : une revue dont personne ne mentionnait l'existence, vendue dans quelques kiosques à journaux ; deux affiches en bandes dessinées, placardées confidentiellement — éveillant néanmoins les suspicions de la police; un tumulte à l'université de Strasbourg lié à la publication du libelle *De la misère en milieu étudiant*; deux livres, *La société du spectacle*, et le *Traité de savoir-vivre à l'usage des jeunes générations*; l'agitation des Enragés de Nanterre qui inaugurerait en quelque sorte le Mouvement des occupations.

Déjà la récupération était à l'œuvre. Tribuns, manipulateurs de parti, bureaucrates gauchistes, aboyeurs de Trotski, de Castro, de Mao et autres assassins, qui s'échineraient à assurer le triomphe du spectacle, à jouer les meneurs pour gravir enfin les échelons d'une hiérarchie gouvernementale qu'ils avaient contestée avec des slogans allant du répugnant « Le pouvoir est au bout du fusil » au grotesque — car analogie de fond n'est pas identité de fait — « CRS-SS ».

Nous savions qu'une récupération, moins stupide, plus insidieuse se mettait en place. Nous connaissions les mécanismes d'une aliénation qui falsifierait nos idées, les emboîterait dans le puzzle culturel, les couronnerait d'une glorieuse inanité. Pourquoi n'avons-nous pas été capables de les briser?

Les seules réponses fournies, alors que le groupe se délitait et que la conférence de Venise en démontrait l'inutilité croissante, furent à la mesure de l'autoparodie à laquelle nous succombions. Les dissensions s'exacerbèrent en dénonçant la radicalité trahie, les manquements à l'esprit révolutionnaire, la démission des consciences.

Passé le temps des exorcismes et des anathèmes, il n'est pas inutile d'examiner comment nous avons cultivé les germes d'une faillite dont le groupe a fait les frais sans que le naufrage emportât unanimement vers les rivages de l'oubli ceux qui participèrent à l'aventure. Ainsi le groupe disparut-il en laissant aux individus et aux sociétés à venir le signe de son δαίμων, de son génie.

II. Le travail fonde le règne de l'interdit et de la transgression.

J'ai eu la chance de naître dans une famille où une pauvreté dénuée d'excessive rigueur prédisposait à tenir pour seule et vraie richesse l'inlassable propension à faire la fête sous les prétextes les plus divers. Rencontres inopinées, anniversaires, mariages, enterrements, réunions familiales, ducasses, tournées des bistrots, 1er Mai, congés laïcs ou dispensés par tradition chrétienne, tout alimentait nos feux de joie.

L'occasion tardait-elle à se manifester ? Il se trouvait quelqu'un pour la créer de toutes pièces, comme si, dans mon entourage, la préoccupation majeure consistait à guetter le moindre instant propice pour insuffler à la vie un regain de souffle, trop chichement mesuré.

S'adonner sans réserve au moment, si éphémère soit-il, résumait le principe d'une générosité sans laquelle l'hospitalité, l'abondance de provendes, le rituel des petits cadeaux n'eussent fourni que des gages à cette ostentation qui justifiait notre mépris de la bourgeoisie.

Si déficiente que me paraisse aujourd'hui l'idée de plaisir dont s'étaient entichés mes parents, du moins offrait-elle l'avantage de répudier l'ascétisme et de vouer aux gémonies ces âmes pures et cauteleuses, qui drainaient dans leur sillage d'immondes et secrètes souillures.

Si les couleurs crues de nos réjouissances inopinées n'ont jamais estompé l'affreuse grisaille des jours qui poinçonnaient mes jeunes années, la faute n'en fut pas imputable au plaisir, ni même au poids d'une morale fétide qui vitupérait l'art de jouir. Elle tenait à l'imbrication artificielle des moments d'allégresse dans une existence sacrifiée au travail, rompue au despotisme d'une activité laborieuse qui, ravalant le bonheur à un petit lot d'assouvissements mécaniques, lui ôtait toute qualité et le vouait aux amertumes d'une insatisfaction croissante.

Peut-être est-ce au milieu des assemblées amicales et familiales où chacun buvait, chantait, persiflait, querellait, pleurnichait et se gobergeait que j'ai le mieux éprouvé par le cœur, avant de le mesurer par la conscience, quel gouffre séparait la vie de la survie.

Il subsistait à l'époque une manière de circonvenir la corvée quotidienne qui vous arrachait dès l'aube à la nonchalance des désirs pour vous envoyer valdinguer dans le décor classique des bureaux, des usines et de la nécessité crapuleuse. L'absentéisme et le sabotage relevaient spontanément d'une réaction de défense contre la fatigue et l'usure prématurée.

Bien qu'accomplies avec le sourcilleux souci des contraintes ferroviaires, les tâches, imparties à mon père comme aux autres cheminots, n'excluaient pas, entre le passage régulier des trains, un nombre intermittent de pauses, auxquelles le bistrot voisin offrait son réconfort.

Un sentier, longeant la voie ferrée avant de bifurquer à angle droit, permettait d'y accéder discrètement par une échappée buissonnière, débouchant dans la cour arrière. On évitait ainsi, avec l'entrée traditionnellement réservée aux clients, d'ostensibles allées et venues qui eussent prêté le flanc à de faciles calomnies.

Afin d'écourter le périple du retour à la maison, lequel comportait une kyrielle d'estaminets, ma mère me dépêchait certains jours au Café de la Gare, où les cheminots, après y avoir officié au départ de chaque train, célébraient dès 17 heures la fin illusoire et pathétique d'une aliénation qui, hélas, ne cesserait pas pour autant.

Peut-être me suis-je ainsi pénétré de cette réalité qui, sous ses dehors anodins, résume l'intolérable sort auquel condamne notre civilisation de boutiquiers : l'enfant joue, l'homme travaille.

Nul n'échappe à cet enchevêtrement de contraintes et de plaisirs où la tradition mercenaire enserre dans ses filets la nature voluptueuse et rétive. Il y a dans la tyrannie du travail, rompant à son esprit et à ses cadences jusqu'aux moindres jouissances, une trahison de l'enfance et des promesses que la maturité lui laissait entrevoir.

Comment ignorer que cette plaie, rouverte à chaque instant, est la cause principale de notre détresse existentielle, le mal d'être qui affecte l'univers entier ? Qu'en la vie dépecée par le travail réside le malaise de notre civilisation ?

Abrutissement, divertissement, gloire, infamie, barbarie, humanisme et objurgations de l'au-delà, tant d'expédients pour nous enjoindre d'oublier par l'esprit ce que le corps n'oublie jamais.

Les nouvelles du monde bourdonnaient autour de bières fraîchement tirées, aussitôt lampées. Les commentaires, ponctués du claquement des verres sur la table, offraient à la ronde des moments de joie frêle, incertaine, dont l'arrière-fond colérique me séduisait et me déconcertait tout à la fois.

Il régnait dans le bistrot, magistralement tenu par un gros homme rude et débonnaire, surnommé le Bailli, un mélange de mousseuses désinvoltures et d'aigres relents de bière éventée, qui embuaient l'ambiance d'une palpable tristesse.

L'esclavage ne connaît que des joies de pénombre. Qu'en est-il du plaisir quand tous les plaisirs sont pénultièmes? La régularité du temps oscille sans discontinuer entre l'obscure contrainte et l'étincellement fugitif du vivant, qui l'exonère brièvement.

Dans la fumée et l'haleine lourde des discussions oiseuses, s'il est une chose que pointait l'horloge, égrenant la misère des heures avec le balancier de l'inconstante félicité, c'était le mouvement de l'existence individuelle sur la toile arachnéenne du social, mouche ou araignée selon les moments.

On nous a induits à sourire en grinçant des dents.

Ô que l'émerveillement du vivant, si bien semé par les enfants, fertilise un jour les terrains vagues d'une éducation si durablement stérile !

Comme ils sont pénibles et tortueux les chemins de la conscience ! Avec le recul du temps, je m'étonne d'avoir investi tant de passion dans les inanités tonitruantes de notre absurde civilisation.

Que de vaines querelles en ces vains édifices, réputés impérissables : économie, politique, idéologie, religion, information, art, culture !

Qu'y a-t-il qui m'ait aidé à mieux vivre dans ce fatras essentiellement conçu pour me perdre ? Mon enfance et mon adolescence se sont écoulées dans un combat douteux, pour et contre des idées moulinées par les désuétudes à la mode. L'âge n'a fait que souligner, à chaque échelon de la corde du temps, quels nœuds inextricables il eût mieux valu trancher au préalable pour tenter d'être heureux.

Tant d'escalades pour redescendre sur terre, tant de détours pour arriver à une pensée de base, à une aspiration originelle : fonder sa destinée sur le désir et son affinement, façonner sa vie pour son bonheur et pour celui de tous.

Je n'ai jamais cessé d'y songer comme à un air inoubliable de manège où, dans leur fragile constance, montent et descendent les chevaux de bois.

Notre époque a damé le pion aux religions en faisant de la fatigue, du déclin, de la déchéance, de la mort imminente une valeur marchande. Plus l'existence s'évide, plus elle est lucrative. L'inaccomplissement motive les frénésies du profit à court terme.

Le rêve de changer la vie en changeant de monde s'est enseveli dans un cauchemar où règne l'absurde certitude de n'être rien de ce que l'on est, de se battre aux côtés de ceux qui nous combattent, d'être la proie des ombres dans une société de prédateurs.

Telle est la rationalité lucrative en quoi toute raison humaine est sommée de s'abolir. Cependant, comme il scintille en nous ce diamant de l'enfance, auquel rien ne résiste parce qu'il est la résistance même.

Quand une œuvre musicale m'étreint d'une indicible émotion, j'y perçois cette mélodie de l'être ouvrant ses ailes pour un envol tutélaire. C'est pourquoi m'emporte sans jamais me lasser le puéril orchestrion qui se répète en moi à la faveur de Mozart, de Boccherini, de Schubert. Mon δαίμων, messager de mes origines, y chevauche les chevaux de bois d'un manège dont je détiens l'enchantement secret.

Le XXe siècle aura vu, parmi les tourbillons où se noyait la pensée universelle, la conscience ouvrière se diluer et disparaître dans l'abjection mercantile. Quand la grande campagne promotionnelle du consumérisme a décrété la liberté de consommer en pratiquant des prix apparemment accessibles à tous, elle a instauré une démocratie de marché où le produit confère au plus minable des salariés une dignité d'acheteur.

Le bien acquis en est venu ainsi à valoriser en représentation ce que l'homme devenu consommateur perdait en authenticité vécue.

Auparavant, les travailleurs, exaltant au fil de beuveries mornes ou joyeuses l'encyclopédie rudimentaire de leur très sommaire existence, ne sous-estimaient ni leur statut d'esclave ni leur volonté de se battre pour s'en affranchir.

On leur a jeté comme à des chiens un ersatz de liberté, décalque exact des produits frelatés dont l'avoir leur tenait lieu d'être. Ils ont mordu à l'appât et n'en finissent pas de le recracher. De la conscience régurgitée s'exhale une mauvaise haleine, une odeur de ressentiment. La perspicacité s'est faite amertume.

Le nihilisme affairiste tire parti du dégoût qu'il provoque, comme le clientélisme cultive l'art de la résignation haineuse.

Même si les saillies du plaisir procuraient jadis aux travailleurs une liberté trop hâtivement éjaculée, elles ne les empêchaient pas de parler haut et clair de prolétariat, d'exploiteurs, d'exploités, de révolution, de lutte des classes. En dépit des libations offertes, comme la chanson de Pierre Dupont, « à l'indépendance du monde », nul n'ignorait le licou qui le traînerait de lendemains en lendemains sans nombre tant que le glaive ne l'aurait pas sectionné.

L'hédonisme ouvrier savait alors allier la subversion au désir de « profiter de la vie ». Il battait en brèche l'ennui et la morosité, sans y parvenir durablement mais avec une obstination où l'on percevait les trépignements lointains d'une puérile impatience.

J'aimais, en mon adolescence lessinoise, cette façon de réhabiliter le présent par défaut en décrétant : « Ce n'est pas parce que l'on est dans la misère qu'il faut vivre misérablement. »

Si le Grand Soir s'annonçait comme une fête, mieux valait s'y préparer sur-le-champ. Mon père, qui buvait abondamment, méprisait les alcooliques, les ivrognes incapables d'exprimer une idée cohérente, résignant toute dignité, bafouillant des platitudes, perdant leur conscience ouvrière et, de dépendance en déchéance, se poissant d'une servilité qui les enrôlait dans les réserves patronales où croupissaient, en attente de valoriser l'ignominie, les valets, les délateurs, les sicaires et les briseurs de grève.

À quel degré d'avilissement le peuple ne s'est-il rabaissé ! Il renonce à rompre le joug de son asservissement et croit l'alléger en estompant la marque de prolétaire qui y demeure poinçonnée.

Une *novlangue* triomphe. Forgée par le bolchevisme, puis affûtée par les folliculaires du capitalisme mondial, elle a permis aux exploités d'accéder, par sollicitude sémantique, au statut de « personnes à revenu modeste ».

Les destinées n'ont rien d'aléatoire. Paris m'éblouissait, comme du fond d'un puits le bleu du ciel. C'était une ville où, disait-on, il suffisait d'éternuer pour que le monde entier s'enrhume. Pourtant, si je n'avais pataugé entre l'ennui qu'engendre le travail et la dissipation qui l'exorcise, si je n'avais vécu l'écœurement de jours inlassablement répétés et la rage de les foutre en l'air, à l'instar des parois de porphyre dynamitées dans les carrières, me serais-je pris de passion pour la *Critique de la vie quotidienne* au point d'écrire à son auteur, Henri Lefebvre, par qui j'allais rencontrer Guy Debord et m'ouvrir à un futur, auquel j'aspirais dans le désespoir d'y atteindre jamais?

J'avais composé à l'époque un essai de poésie globale mêlant musiques, phonèmes, bribes de films et dénonciations cinglantes, avec la louable intention de colérer les masses. J'y tentais d'illustrer une version subversive de la « poésie faite par tous non par un » que n'eût pas désavouée, du moins dans ses intentions, Lautréamont.

Je suis resté fidèle à l'idée, empruntée à Hölderlin, d'une poésie retrouvant son sens étymologique de ποιεῖν, faire, et sa substance fondamentale de *carmen*, le chant et le charme dont Orphée usa au péril de sa vie.

À aucun moment, je n'ai dissocié de la longue et chaotique évolution de l'homme ma propre aventure individuelle. L'histoire collective ne pénètre pas dans l'histoire de chacun selon une mécanique de vases communicants. Ce qui est à l'œuvre, ce sont les résonances.

Le sentiment d'être l'infime aboutissement de milliers de siècles a nourri ma conviction que du plus petit grain de sable pouvait un jour s'élever, à la faveur d'une insolite combinaison d'éléments, une tempête qui bouleverserait le cours de l'univers.

Est-ce un de ces tours d'ironie que nous prêtons volontiers à l'histoire? Il a fallu que la conscience sociale déchoie pour que la conscience de soi se redécouvre. Mais à quel prix! Dans le sillage de la solidarité brisée, une houle de cynisme et de désespérance emporte au loin le projet d'une société consensuelle.

Ce qu'il y avait de fruste, voire de vulgaire, dans les hâbleries de bistrots et la volonté farouche de jeter à bas l'ordre des choses enfiévrait mon adolescence. J'ai été nourri et abreuvé par l'image d'un séisme imminent où la morne plaine du quotidien se montagnait soudain tandis que s'aplanissaient au loin les cimes de nos impossibles affranchissements.

Sous l'arrangement des faits mesquins et la forfanterie des illusions, les nerfs à vif percevaient une marée montante et descendante, qui imprimait aux personnes et aux circonstances un rythme dont la régularité m'échappait, mais à la façon dont un mot se dérobe alors qu'on l'a sur le bout de la langue.

J'ai toujours soupçonné qu'un jour viendrait où cette vie océanique, dont les vagues nous effleurent par le bas, submergerait et balaierait les digues intellectuelles, du haut desquelles notre mépris n'entend que le ressac du banal.

En quelques décennies, l'écart entre l'existentiel et le social n'a cessé de croître. Il y a peu, la menace des idéologies collectivistes et nationalistes, où l'organisation pyramidale était tout et l'individu rien, alimentait la résistance et l'animosité de quiconque avait gardé un certain sens de la liberté.

L'effondrement de l'empire dit soviétique, sous la pression du consumérisme, nous a confrontés à l'effondrement graduel de ce pouvoir hiérarchique ancestral contre lequel nous n'avions cessé de lutter.

Les murs tombent. La forteresse se vide. Armées, polices, autorités religieuses et idéologiques ne sont plus, dans l'ouest européen, que l'ombre de leur puissance séculaire. Mais la puissance de l'ombre a accompli ce que les pires régimes répressifs n'avaient jamais obtenu : une pensée désincarnée, un esprit de mort vivant.

En se délestant de leur contenu, les idées dominantes ont conféré à la nullité substantielle — au rien — une ampleur totalitaire.

Dans les années soixante, l'argent n'était nullement privilégié si ce n'est selon la tradition qui exige de payer la valeur marchande d'un bien dont l'usage est convoité ; ce que ma mère, sans avoir lu Marx, exprimait selon sa vérité pratique : « Pour obtenir une bonne paire de chaussures, il faut y mettre le prix. »

Or, l'essor fulgurant d'une consommation de masse, plus rentable que le secteur de la production, a accru le prix de l'inutilité. Une inflation de produits dénaturés ou programmés pour une usure rapide aboutit à un double constat désabusé : « On n'en a plus pour son argent » et corollairement : « Il n'y a plus que l'argent qui compte », à quoi se résume ce que Marx appelle le fétichisme.

Désormais, le profit tend à se passer de l'utile. Les industries prioritaires, l'agriculture de qualité, les écoles, les hôpitaux, les transports en commun sont envoyés à la casse tandis que fleurissent partout les services et les entreprises parasitaires.

Le travail coûte cher, en regard de l'argent spéculatif, qui travaille tout seul et rapporte, du moins à court terme, car la mentalité du temps a fait sien le bon mot d'un monarque dont le successeur sera décapité : « Après nous le déluge ! »

Une faillite enrichit davantage les actionnaires spéculant en Bourse qu'une entreprise en bonne santé, où il faut se soucier de salaires et de compétitivité. La production de biens indispensables est supplantée par un système qui escroque la collectivité, privilégie tous les moyens de se procurer de l'argent et propage une mentalité de prédateurs sans scrupules.

Le consumérisme a atteint son paroxysme en devenant l'objet de sa propre exploitation. La consumation boursière n'est rien d'autre que l'argent s'excrétant et se dévorant sans trêve. Comment s'étonner qu'à son exemple, l'existence quotidienne se nourrisse de ce qui l'affame et la voue au dépérissement ?

Au sein du chaos, auquel le développement insensé de la consommation a conduit de façon prévisible, se profile une manière d'économie en soi sacrifiant les hommes et la planète à un pouvoir abstrait, à une version parodique des Dieux[1], tout à la fois ridiculisés et rafistolés à la hâte ; c'est ce que le crétinisme à la mode appelle, en faisant résonner le tocsin des peurs ancestrales, le « retour des religions ».

Pourtant, les effets de l'explosion souterraine qui ébranla les fondements de la civilisation traditionnelle s'observent aisément aux fissures qui corrodent aujourd'hui la surface lisse des êtres et des choses.

Les énumérer est à la portée de tous : la créativité supplante le travail ; la volonté de vivre ruine la volonté de puissance ; la jouissance de soi et de la terre révoque l'exploitation, la prédation appropriative, le sacrifice, le renoncement ; la conscience du corps abolit la séparation entre les fonctions intellectuelle et manuelle ; l'authenticité rend

---

1. En dépit d'un usage qui prescrit la majuscule pour le Dieu des monothéismes et la refuse aux divinités du polythéisme, comme si leur pluralité leur en ôtait le privilège, je tiens absolument à l'accorder à l'ensemble des Dieux et des Déesses, lesquels ne me paraissent pas, dans l'infamie religieuse, inférieurs au Dieu unique des mythologies chrétienne, hébraïque et islamique.

dérisoires ceux qui, selon La Bruyère, « tirent autant de vanité que de distinction d'avoir su pendant tout le cours de leur vie tromper les autres ».

De telles considérations donnent matière à spéculation, à débats, à provocations, à scandales dans le landerneau des penseurs. Elles ne sont pas vécues, pas encore. Il faut que le corps les absorbe et les digère.

Ce qui demeure caché, invisible, clandestin, c'est la conscience d'un mouvement de sens contraire, privilégiant la suprématie absolue de la vie sur l'économie.

Ne sous-estimez pas l'amplitude de la vague où une première prise de conscience déferla sous l'écume d'un formidable refus : refus du travail, du sacrifice, des idéologies, de la culpabilité, du pouvoir, de la contrainte, de la prédation appropriative, de la hiérarchie, du maître et de l'esclave, de l'exploitation, de la « vie privée de tout ». C'est de son ressac qu'est né le désir irrépressible d'une vie autre, d'une vie à inventer.

Parfois, l'impatience m'enjoint de poser la question : « Combien de temps faudra-t-il pour que les nouvelles générations restaurent les vieux chemins de l'émancipation ? » Je ne puis qu'y répondre par une autre : « Combien d'années a-t-il fallu pour que la vie s'incarne en moi, pour qu'elle devienne au sein de mes déséquilibres le centre de gravité, au fond de mes déperditions le pôle d'irradiation ? »

« Trop ! » suis-je enclin à penser. Trop sans doute. Il est tard, ma vivacité, et long le chemin de ta plénitude, celui qui mène à l'endroit où la mort n'accourt pas sans un signe d'acquiescement!

Je prends sur ma lenteur la revanche d'un encouragement. Je gage que les enfants du futur, plus réceptifs aux attraits du vivant, accéderont innocemment à cette vie simple, passionnée, luxueuse, que j'ai désirée au prix de tant de difficultés, de doutes, de contrariétés.

Ne vous y trompez pas : je me moque de jouer les précurseurs, je ne suis que désireux d'un sort dont j'ai intensément rêvé.

Comment avons-nous supporté si longtemps de végéter dans un monde où la première loi en vigueur prescrit de se priver de vie et d'en priver les autres? Tout, en nous et autour de nous, a pris tournure de péché à racheter.

Les aboyeurs de Dieu n'ignorent pas que leur maître frétille quand on titille le Diable. Les profanes savent que la transgression est un hommage à l'interdit. Comment peut-on se dire intact de Dieu sans éradiquer cette culpabilité toujours à l'affût d'un bouc émissaire, sur lequel assouvir un insupportable mal de survie?

Voilà de quoi mesurer à quel point le radicalisme a supplanté, dans la dérive des exclusions, la radicalité, qui constitue l'apport déterminant des situationnistes au changement de civilisation.

Le plaisir est un fruit amer quand il se déguste à l'ombre de la mort. *Carpe diem*? Un propos de moribond, l'ultime respiration avant que d'étouffer.

Plus vite, plus vite! Le marché ne s'y trompe pas. À l'heure où l'économie se délite en dévastant la terre, où la bulle financière menace de crever, il vend hâtivement les dernières jouissances consommables et solde les bonheurs congelés dont la date de péremption est dépassée.

Insupportable est le regret du passé. Le souvenir remet en branle le temps qui tue.

Je n'éprouve pas la nostalgie de Stefan Zweig pour le « monde d'hier ». Je comprends que, rebuté par le triomphe de la barbarie, son regard évoque avec mélancolie des années moins terribles. Mais comment oublier que, sous la douceur des mœurs viennoises, qui suscitent en lui une émotion aveugle, se bâtissait le nid où seraient couvés les monstres?

Il existe une double inconvenance de la mémoire : quand elle dissimule sous les falbalas idylliques les morsures du passé et lorsqu'elle en exhibe les cicatrices, sans se soucier d'y remédier en prévenant les risques de récurrence.

Si je voue chaque instant à la quête amoureuse du vivant, c'est aussi pour en finir avec l'inhumanité de jadis qui grève mon présent. Un souvenir ne m'intéresse que dans le devenir qui le recrée.

Il y a dans la recherche tranquille et effrénée de la jouissance une volonté de reconquérir un temps qui nous a été volé. Pourquoi tolérer qu'au coin de la rue où le désir s'apprêtait à flâner avec nous, une police des idées s'en empare, l'enferme dans les prisons de l'inaccompli et nous envoie au travail?

Ce désir, il est tout aussi désolant de se l'approprier et de l'assouvir à la sauvette au lieu de le pousser plus loin, de le suivre dans ses déambulations et de libérer, comme en se jouant, les territoires de notre vie indûment occupés par une économie tyrannique.

Il fut une époque où le travail gardait dans ses resserres une manière d'attrait, voire de fascination. La satisfaction de l'ouvrage accompli ravivait le souvenir d'une créativité qui n'avait jamais cessé de hanter la classe ouvrière. Le sentiment d'utilité sociale et de solidarité subsistait en dépit du sacrifice et des contraintes.

Faire rouler les trains, soigner, instruire, loger, produire de l'acier et des aliments sains prêtaient de l'intérêt à l'activité laborieuse, même si l'exploitation patronale en jugulait l'élan passionnel.

Or, les secteurs prioritaires sont précisément ceux que la spéculation financière et l'emprise mondiale des agioteurs envoient à la casse.

Sauvegardée jusqu'il y a peu, l'ambition d'accomplir une corvée indispensable au bien public a de moins en moins cours, à mesure qu'obéissant à la logique du profit à court terme le travail utile cède le pas à son développement parasitaire. C'est désormais sa vacuité qui paie et ce qui s'achète avec cet argent-là n'est plus qu'une substance boursière détournée des secteurs productifs, délocalisée dans un circuit fermé, dégagée de toute préoccupation sociale.

Beaucoup se résignaient au travail comme à la malédiction d'un destin inexorable et du fond de l'enfer nourrissaient l'espérance d'arracher pour le profit de tous un peu de ce profit exorbitant qu'un petit nombre s'arrogeait. Nietzsche ne s'y est pas trompé, qui voyait dans le socialisme une doctrine d'esclave inspirée par le christianisme. La social-démocratie a fait du week-end un paradis hebdomadaire et de l'émancipation, le rêve d'une longue semaine. N'est-ce pas le principe de la corruption à laquelle elle doit aujourd'hui son triomphe?

Quand la tyrannie du travail s'est trouvée absorbée par la tyrannie de l'argent, un grand vide monnayable s'est emparé des têtes et des corps. Un puissant souffle de mort s'est propagé partout. La malédiction a perdu jusqu'à l'énergie de la désespérance.

Pourtant, la vie et le corps ont horreur de l'inanité, de l'immobilité, de la contrainte, du contresens. Arrive un moment où le feu jaillit de la cendre qui l'étouffait. Bien que, par tradition, les générations se soient succédé en mourant de soif au bord de la plus vivifiante des fontaines, il a toujours suffi de quelques-uns qui s'y abreuvent et s'y ébrouent pour que renaissent et reverdissent les oasis.

Il existe, au musée de la Verrerie du Quesnoy, une écritoire emblématique, un « bousillage », ainsi que se nommaient les œuvres réalisées par les ouvriers, autorisés à retrouver en dehors de leurs heures de travail la créativité dont ils étaient spoliés. C'est un bloc compact, de couleurs vives, purement décoratif avec ses encriers non évidés et des porte-plumes pris dans la masse. Libre à chacun d'en interpréter l'intention : raillerie de la vanité intellectuelle, rêve figé dans une glaciation intemporelle, regret d'une éducation inaccessible aux prolétaires...

J'ai songé à la conscience emprisonnée, à la conscience de ce qu'il faudrait dire et écrire pour s'affranchir. « Prends les usines, ouvrier », répète une chanson vieillotte et plus neuve que la modernité du vieux monde.

Le réalisme du merveilleux est ce qui manque le plus à l'enfance d'un monde nouveau.

L'amour du travail bien fait est un leurre. Il n'y avait chez les carriers que je fréquentais aucun sens du devoir laborieux. Ce qui les animait et les délavait de cette fatigue plâtrant leur visage de sueur et de poussière, c'était, malgré le souci du rendement, le réflexe artistique du pavé parfaitement équarri. Ils étaient en résonance avec le « roc », qui donnait à la ville ses assises géologiques et à leur existence cette solidité vitale que Lotus de Païni qualifie de pierre volonté.

Du plaisir de créer, si sommaire fût-il, découlait, inséparablement, le sentiment, un peu fruste lui aussi, de collaborer au bien-être de la collectivité. Le boulanger, le cordonnier, le viticulteur soucieux d'une qualité opérative qui confère à leur existence intime une secrète plénitude ont en commun avec l'instituteur, l'aide-soignant ce sens de la solidarité sociale que je découvrais chez mon père et les autres cheminots. Leur métier apportait à la survie de tous un confort, une aisance que seule l'imposture du radicalisme a pu considérer comme une stratégie préjudiciable au projet d'émancipation.

La survie réduite à la quête bestiale d'une subsistance quotidienne ravale à l'état de brute prédatrice. La vie se réveille quand la survie sort de sa léthargie. Son insuffisance se manifeste alors dans l'aspiration à vouloir davantage. L'insatiable succède à l'insatisfaction.

Le Mouvement des occupations de mai 1968 a été en ce sens exemplaire : jamais le niveau de survie n'avait atteint un tel degré de confort et de bonheur conventionnel et c'est à ce moment qu'a pris corps le projet d'une révolution de la vie quotidienne.

Depuis lors, le dépassement amorcé à l'époque a été occulté par une formidable régression des conditions de survie qui, privant l'intelligence de sa sensibilité, a galvanisé du haut en bas de l'échelle sociale le réflexe de prédation.

Tandis que le marché des énergies gratuites favorise l'émergence d'une nouvelle société, la vieille économie parasitaire et mafieuse continue de miser sur l'inertie générale pour rafistoler, avec les mots pollués du langage dominant, le piège de la protection mercenaire et de la peur rentabilisée, qui fait de l'homme un animal féroce, pitoyable et dénaturé.

Dans les années soixante, seuls les oisifs, les psychiatres et les fonctionnaires réputés pour leur parasitisme voyaient dans le travail une manière d'ergothérapie, un remède contre le délabrement de l'existence. Singulière homéopathie que de traiter l'ennui quotidien et l'irradiation morbide de l'esbroufe et de la cupidité par la mécanisation des gestes et l'inanité mentale !

Que la désaffection de soi en vienne à concevoir le mépris et l'abrutissement qui règne dans les bureaux comme un pis-aller, agrémenté d'avantages salariaux, c'est désormais un fait avéré depuis que la production des biens de survie est sacrifiée à l'agiotage et que l'escroquerie, le cynisme et l'imbécillité glorifiée garantissent le succès des images, arrachées au vivant pour le représenter.

Le travail n'est plus qu'une *combinazzion*, parmi tant d'autres d'où découle un profit. Il est cette criminalité de bon aloi propageant l'ennui qui tue, dénaturant l'homme et le rendant haïssable à soi et à ses semblables.

La passion de l'argent éviscère la passion de la vie.

Aucune époque n'a autant banalisé le désespoir et le ressentiment. Aucune n'a à ce point instillé l'amertume dans les mœurs et le venin dans les cœurs. Nous n'avons plus, des innombrables joies auxquelles nous aspirons, que des reflets qui flottent autour de nous comme des poissons morts.

Seul l'argent travaille et fait travailler. Des banlieues pauvres aux ghettos de riches, la cupidité enrage, insensibilise, assassine. L'avidité des prédateurs et la peur qu'ils suscitent déforment les corps et les consciences.

L'humain erre de plus en plus sous des masques qui lui rongent la peau. Le vivant cède le pas à ses simulacres. Partout règne une léthargie rampante, qui frémit du mépris des êtres et des choses. Les résignés plébiscitent le cynisme qui fait la loi au-delà des lois.

Nous en avions vu certains se revendiquer du slogan « Ne travaillez jamais ! » pour rentabiliser leur droit à la paresse en faisant travailler les autres. Le capitalisme spéculatif et financier réussit à faire mieux : il dévalorise l'activité utile et valorise l'inutilité lucrative.

Dans la logique de prédation, ce n'est pas la création qui obtiendra la fin du travail, c'est l'escroquerie généralisée. En vidant graduellement l'existence de ses derniers enchantements, l'ennui est devenu source de profit. L'argent, c'est la passion qui reste quand toutes les autres ont disparu, celle qui les dévore si elles renaissent.

L'argent avait pour les milieux prolétaires la réalité palpable de la paie hebdomadaire ou mensuelle, du prix de la bière et des dépenses ménagères. Gagné péniblement, chichement mesuré, grevé d'une menace permanente, il fallait, sitôt arraché au patron, qu'il lui fût, par un juste retour des choses, craché à la gueule.

À l'encontre des bourgeois, voués à le thésauriser ou à l'investir en plaisirs mercantiles, le premier réflexe des ouvriers était de jeter l'argent par la fenêtre, le temps d'en grappiller un peu pour l'éducation des enfants, le bien-être de l'épouse, l'avenir incertain. D'abord venait la fête, avec ce sentiment de gratuité que la vie propage par nature, ensuite le calcul, l'inévitable comptabilité du reliquat due à la précarité.

Cette propension festive que la misère n'avait jamais découragée, la vague du consumérisme allait la submerger, l'engloutir et la régurgiter en un effritement d'agréments monnayés, hier réservés à la morne existence des nantis.

Je n'ai entendu mon père parler d'argent qu'en termes d'exploitation capitaliste et de revendications de salaire. Les bourgeois se taisaient pour le compter, comme s'ils avaient honte de l'extorquer. Ils n'en proclamaient les bienfaits qu'en raison de l'arrogance qu'il leur conférait. Encore ne l'arboraient-ils qu'en se bouchant le nez, car, entre rivalités boutiquières, tripotages et escroqueries, ces gens-là ne pouvaient se sentir.

L'expression évangélique et américaine « *Time is money* » m'a toujours évoqué le latin, censé voiler les termes et les expressions réputées obscènes. Parler des *pudenda* ne va pas aujourd'hui sans un clin d'œil humoristique. La seule et véritable obscénité, c'est d'escompter la vie en durée d'efficacité lucrative.

L'idée que l'écoulement temporel s'empare du nouveauné pour l'entortiller dans les filières du déclin procède d'un postulat fondateur sur lequel notre civilisation laborieuse s'est développée comme un chancre.

La croyance en une déchéance inéluctable, en une destinée gouvernée par les Parques a formé la base chancelante qui a déséquilibré l'homme pendant des millénaires. On y a vu une loi de la nature, telle qu'elle régit le règne animal ; elle est seulement l'effet d'une dénaturation qui atteint l'être humain dans ses forces vives. Elle a pour origine un déplorable agencement social qui dépouille la vie de sa substance créatrice et circonscrit sa liberté à la grande diversité des renoncements.

L'invention d'une économie laborieuse a érigé en credo une réalité assujettie à ses impératifs. Le travail a gangrené jusqu'aux activités les plus étrangères à son emprise, l'art et l'amour. Pourquoi les religions nous dispenseraient-elles de leurs glapissements d'agonie alors que l'existence continue d'être vécue comme un chemin de croix ?

Il ne suffit pas que l'homme endure tourments et mépris au prix coûtant que lui imposent le devoir, le sacrifice, l'honneur, la nécessité, la tradition, il faut encore que le refus, la révolte, les plaisirs, la débauche, la transgression, le goût du scandale se paient au même cours, par une irrépressible insatisfaction, par le sentiment de n'avoir eu de la vie qu'un dégoût dans la bouche et, dans les yeux, la lueur lointaine d'une incandescence à jamais inaccessible.

Bien que l'hédonisme ait toujours subi l'emprise de l'activité laborieuse, la part de jouissance authentique qu'il recélait s'auréolait d'une puissance subversive incompatible avec toute forme de travail.

Le projet d'une humanité accomplissant son destin en s'émancipant de l'aliénation économique s'est le plus souvent fourvoyé dans les rets inextricables d'une double contradiction.

D'une part, il opposait la rigueur ascétique du militant aux répugnantes orgies de la bourgeoisie, il excitait l'envie et le ressentiment populaires au lieu de dénoncer le caractère frelaté des plaisirs qui s'achètent.

D'autre part, il excluait de la conscience révolutionnaire cette joie de vivre que confortent les moments de vrai bonheur, cette jubilation qui est le vrai ressort de l'affranchissement.

Les gens de pouvoir sont des pitres sinistres. Ils ne connaissent d'autre rire que celui des bonimenteurs et des tyrans.

Nous l'avons oublié trop souvent : le pouvoir se nourrit de l'acidité qui le ronge, c'est pourquoi il digère aisément l'ironie cinglante dont ses émules et ses ennemis l'accablent. Il n'y a que le rire du vivant pour ignorer l'aigreur dissolvante des autoritaires, et passer outre.

Le conservatisme patriarcal cultivait le mépris et la peur de la femme. La classe ouvrière n'était pas exempte de cette vulgarité misogyne que la conscience réprouvait intellectuellement — on avait entendu parler d'August Bebel — mais que les habitudes cautionnaient en y introduisant la distance de l'humour.

Mon père manifestait de la réticence à accorder le droit de vote aux femmes, les taxant d'un conservatisme qui inciterait les non-politisées à renforcer les partis de droite. Les militantes féministes effrayaient en faisant montre d'une virilité dont les mâles avaient soudain le sentiment d'être spoliés. Où en sommes-nous avec le temps ? L'émancipation de la femme ne cesse de consolider son combat exemplaire alors qu'une résignation et un fatalisme croissants plongent dans la léthargie cette conscience qui, en s'éveillant, avait nourri les luttes ouvrières.

Le vieux puritanisme qui assimile les libertés de la femme à la débauche n'a eu aucune peine à drainer vers les égouts du populisme le ressentiment, travesti en vertu révolutionnaire ; laquelle confondait la quête de la jouissance et le privilège bourgeois de « se payer du bon temps ».

Dans l'exhibitionnisme affairiste qui règle les comportements à la mode, la femme politique sert le plus souvent d'alibi au pouvoir mâle. À voir les émules de Thatcher manifester une ostentation virile peu compatible avec la générosité féminine, ne dirait-on pas que, chassé par la porte, le patriarcat revient par la fenêtre?

L'exaltation des plaisirs et de l'amour suffit-elle à éviter le manque de la vigilance? Quand Kotányi nous proposa l'adhésion de son amante, dont il célébrait la radicalité avec un louable enthousiasme, il s'entendit répondre qu'être la femme d'un situationniste ne suffisait pas pour le devenir. L'argument était imparable mais nul n'envisagea ni de s'enquérir du désir de la supposée postulante, ni, selon la pratique usuelle, d'estimer ses compétences.

Le surréalisme avait propagé un culte de l'amour fou, dont nous avions réprouvé la sacralité. On sait ce qu'il en est de la femme érigée en objet de vénération. Pour plus agréable à contempler que soit le monument, la femme célébrée pour sa lascivité native n'est guère mieux lotie sur son piédestal que la femme musulmane retranchée derrière le paravent d'une servile et prudente bigoterie.

Les surréalistes, qui réhabilitent le charnel en le désincarnant, ont illustré brillamment cette manœuvre d'inversion de la vie, à quoi se livre la fonction intellectuelle dès l'instant que notre conscience du corps lâche prise.

Il n'est pas sûr qu'ayant déjoué le piège de l'art et de cette représentation de la volupté qui l'abstrait du corps, nous ayons recherché les moyens d'affiner le désir jusqu'à lui permettre de rayonner socialement. La femme est restée un être marginal dans le projet situationniste comme au sein du mouvement ouvrier.

Si dépenaillé qu'il soit, l'esprit patriarcal s'obstine à hanter nos mœurs avec une telle pertinacité que les hommes s'effraient plus de la dévaluation de leur image virile que de la hausse conjoncturelle du crétinisme mâle sur le marché de la déliquescence mentale.

S'aviser que les pays où règnent la peur et le mépris de la femme se dotent de régimes qui sont des latrines de bêtise ne semble pas troubler outre mesure les Occidentaux, plus près de célébrer la vertu laborieuse d'un muscle érectile que d'accorder leurs soins à la pulsion de vie que l'on nomme amour.

Je mentirais en prétendant m'être fait auprès de mes compagnons le défenseur de la femme, telle qu'elle m'est apparue depuis avec une évidence croissante : l'être de vie par excellence, celle qui la porte et la donne. Un être qui rayonne au sein de ce que nous avons de plus vivant et secrètement nous enseigne à créer une société sans meurtre ni viol.

Pourtant, la femme m'a toujours attiré et fasciné par la faculté de s'offrir sans réserve. Si j'ai le sentiment de n'y avoir pas toujours répondu par une égale générosité, du moins ai-je fini par rompre avec ma mesquinerie des jours anciens.

La peur de la femme est une peur viscérale de la vie. Rien ne me paraît plus redoutable, aujourd'hui encore, que sa persistance chez tant de mâles qui, prisonniers du rôle de plus en plus discrédité de maître et de guerrier, sont saisis par la rage de l'impuissance et se jettent frénétiquement dans le parti de la cupidité affairiste et de l'agonie programmée.

La femme, plus proche de la nature que l'homme, protagoniste d'une économie qui l'asservit, n'exercera pas dans la société à venir un pouvoir, où elle se nierait, elle irradiera de cette puissance vitale dont la gratuité est l'absolue négation de tout pouvoir.

À mesure que l'importance croissante de la femme implante partout les jalons d'une civilisation nouvelle, le vieux monde aux abois se rencogne dans ses archaïsmes pour tenter d'exorciser l'imminence de sa disparition programmée. Le culte précaire de l'argent trouve ainsi à s'étayer des religions dont il a lui-même provoqué le dépérissement. Même l'islam, qui avait échappé à l'esprit dissolvant de la marchandise, présente les signes d'une détérioration qui le prive peu à peu de ses défenses immunitaires et le voue à partager le sort de ce christianisme moribond qui lui tend les bras.

Est-ce un hasard si les femmes asservies, menacées, battues, mises à mort, sont les premières à s'écrier : « Cessons d'avoir peur! » alors que les matamores de la virilité se taisent car perdre l'autorité et le travail dont ils sont les esclaves les renvoie à leur peur primale : débander.

Elles savent que la crainte est au centre d'un monde sans cœur; que la phobie de l'amour, de la jouissance, de la vie fait avorter l'homme en devenir, tue cette humanité embryonnaire dont l'évolution conjecturait la naissance et le développement.

Le puritanisme est l'expression la plus vulgaire du sacrifice auquel le travail astreint l'homme. C'est l'un des symptômes les plus grossiers de la maladie de l'être, que le système d'exploitation des espèces a propagée sur la terre.

Le renversement du réel, dont la tradition persiste à nous mettre cul par-dessus tête, a assimilé la nature à la boîte de Pandore, d'où tous les maux s'échappent dès qu'elle s'ouvre.

Bien que les hypothèses hasardées dans les *Banalités de base* semblent se confirmer, elles continuent de se heurter au préjugé patriarcal d'une pérennité agraire et marchande. Nous savons cependant que les dernières civilisations antérieures à l'agriculture pratiquaient une économie de cueillette éminemment propice à une certaine douceur des mœurs.

Les œuvres d'art du Magdalénien, dominées par l'image de la femme, suggèrent que nous sommes en présence de collectivités en voie d'humanisation. Elles se dégagent peu à peu de l'animalité sans cesser de nouer avec elle, comme avec le végétal et le minéral, une relation d'osmose propre à favoriser la connaissance sensible, la compréhension mutuelle, la solidarité, l'ingéniosité créative.

La révolution agraire qui, dans le courant du néolithique, instaure l'agriculture intensive, l'élevage et le système commercial des échanges, va entraîner la formation d'un patriarcat qui assujettit la femme dans le même temps que la nature exploitable à merci est vouée au pillage, au viol.

Les sociétés de cueillette tendaient à établir une relation harmonieuse entre l'homme et les règnes minéral, végétal, animal. Cette évolution est rompue par l'émergence du travail et de sa bipolarité intellectuelle et manuelle. La jouissance de soi et des autres cède le pas à leur appropriation, à leur manipulation.

La vie humaine, qu'une stupéfiante inventivité dégageait de sa gangue primitive, subit, en contrecoup de l'économie prédatrice en expansion, une véritable régression. Les nouvelles entreprises n'ont plus pour but d'améliorer l'existence mais d'investir l'énergie vitale dans une exploitation intensive du sol et du sous-sol dont l'organisation se structure selon un mode hiérarchique. C'est paradoxalement au nom de la survie de tous que s'instaure le pouvoir de quelques-uns sur des populations esclaves. De Gilgamesh à nos jours, il n'est pas de violences qui n'aient justifié les disettes, les guerres, la misère au nom du bien suprême de la société.

Différentes par leur degré de développement, les civilisations produites par l'exploitation de la nature et de l'homme ont toutes en commun le mépris de la vie et de la jouissance, ravalées l'une à la survie, l'autre à son assouvissement honteux.

Une telle renonciation n'a rien d'ontologique. Son origine est historique. Elle est née d'une gestion de la terre qui a exilé l'homme de soi et l'a voué à une inhumanité dominante.

Elle mutile cruellement la jouissance en la tenaillant entre les affres du refoulement et les dérélictions de la transgression. Et lorsque, à la faveur d'une passion amoureuse ou d'une époque où les mœurs s'adoucissent, les plaisirs se révèlent dans leur apaisante plénitude, c'est encore à une manière de grâce qu'ils sont assimilés, comme s'ils fussent le fruit d'une providence exceptionnellement clémente. Mais non! Ils appartiennent à la vie dont nous avons été bannis et que nous allons restaurer en cette époque crépusculaire où jamais le pouvoir totalitaire de l'économie ne l'a autant menacée dans sa totalité.

À défaut de dénoncer la mutilation que le travail impose au corps, toujours en quête des jouissances, et surtout de privilégier le plaisir de créer, le slogan « Ne travaillez jamais! » a prêté à de navrantes ambiguïtés.

Il a cautionné l'usage mafieux de faire travailler les autres pour s'adonner avidement aux laborieux ahanements de l'hédonisme prédateur. Il participe désormais d'un parasitisme, devenu le mode d'être de l'inexistence ordinaire. En effet, intellectuel ou manuel, le travail n'a plus guère d'autres valeurs que le salaire qu'il procure et les cours boursiers que sa disparition stimule. Les choses au moins sont devenues claires : consommer de la vie au profit de l'argent, c'est devenir l'esclave frénétique de ce travail du vide dont les métastases prolifèrent.

Les jubilations de l'éphémère exorcisent l'attrait de la mort qu'instillent en nous les mutilations de l'existence. Le jeu des satisfactions benoîtes m'a fait sous-estimer la disponibilité des prétextes qui permettent d'assouvir contre les autres et contre soi les vengeances de la frustration.

En des temps moins cléments, nous nous fussions mutuellement fusillés pour le bonheur de l'humanité. C'est ce mal d'être qui en vient à arborer le masque de l'émancipation pour répandre la destruction à l'instant et à l'endroit où on l'attend le moins.

La perversité ludique des exclusions y menait, sous couvert d'assainir un équilibre groupusculaire menacé par des membres dont le simple désaccord, érigé en déviance, voire en difformité, révélait la soudaine corruption.

Je reviendrai sur la mécanique des exclusions. Je veux seulement rappeler ici cette manière d'impatience génitale, d'éjaculation précoce qui saillait d'une décision subite, irrévocable, irrésistible de pousser un camarade, de le jeter dans le gouffre de notre indifférence, un peu comme dans une rupture amoureuse, sans les excuses, en l'occurrence, de la passion, si ce n'est celle de se perdre.

Nous raillons aujourd'hui sans vergogne la guerre absurde qui oppose chiites et sunnites, dont les querelles se résument à des amoncellements de cadavres. Les mémoires s'écourtent à coups de gomme. Car, enfin, que furent tant de nos luttes d'idées, tant de combats impitoyables — tels ceux du prétendu marxisme contre les déviationnistes — sinon des occasions parmi d'autres d'égorger le compagnon d'hier, de le précipiter dans ce Shéol où brûle, en un feu intemporel, l'ordure à quoi se ravale l'homme qui fait de l'homme une ordure ?

J'ai longtemps joué les *mescalitos*, à l'instar du Consul d'*Au-dessous du volcan.* Possédé par un amour absolu de la femme et de la vie, le héros de Lowry le dilacère, comme Kierkegaard, dans l'angoisse de ne pouvoir l'assumer.

Nous sommes induits à nous intenter sans trêve un procès dont les imparables arguments visent à nous convaincre qu'il est plus facile, voire plus réconfortant, de mourir que de vivre.

C'est qu'il nous faut penser à vivre alors que la mort pense obligeamment pour nous.

Je ne sais à quel moment j'ai refusé que la mort pense pour moi. Peut-être ai-je si longtemps discouru du renversement de perspective que mon corps a saisi l'idée au vol, que la vie et l'amour ont soudain constitué mon centre de gravitation psychophysiologique.

J'ai vu comment, à force de s'amonceler, trop de félicités contrariées étaient jetées comme des immondices au seuil de chaque jour. Avais-je d'autres raisons que l'inertie et la lâcheté pour ne pas faire le ménage et endurer que

s'accumulent à ma porte les nonchalances de l'anéantissement, sur lesquelles j'achopperais par mégarde?

J'ai fini par me lasser de ma lassitude en redécouvrant les
émerveillements de l'enfance et de l'amour. J'ai perçu chez
mes enfants et dans les femmes aimées ce qui était en moi
et cherchait sa voie sous les dérives, les divagations et les
faux-semblants de l'esprit.

Suis-je parvenu à me défaire de la pliure que le pointillé
du sursis imprime aux existences quand, désespérément
carcérales, elles s'entortillent sur elles-mêmes? S'il en était
ainsi, je ne m'obstinerais pas chaque jour à scier les bar-
reaux de ma cage pour faire respirer à la bête le grand
souffle de l'humain, qui émane du futur.

J'ai appris à satiété que boire pour oublier ne fait que
raviver la mémoire d'une mort imminente. J'ai trop de
désirs et de plaisirs à offrir en libations à la vie, à l'amour et
à une destinée qui les exalte pour me soucier de leurs repré-
sentations et de leur récupération mercantile.

Quand je nous revois, en de folles soirées, porter des
toasts à la révolution, avec un enthousiasme proportionnel
au nombre de bouteilles, je mesure à quel point nos ban-
quets évoquaient celui des Girondins à la veille de leur
exécution. Non par conformité — nous étions résolument
du parti de Saint-Just — mais dans la détermination de
quitter la vie pour entrer dans l'histoire.

Nous savions, en entrechoquant nos coupes, qu'elles se
fêlaient en nous.

En dépit du caractère suicidaire de mes exubérances alcooliques, je ne pensais pas à la mort. La mort pensait-elle à moi? Il serait plus pertinent de dire qu'elle pensait en moi. C'est par ce cheminement ordinaire qu'elle arrive à ses fins.

A-t-on remarqué qu'il ne s'attache à la vie ni pensée, ni image? Elle nous semble quelque chose d'indéfini, de vague, voire d'inconsistant. Quel contraste avec l'iconographie de sa rivale! La mort est une personne, un squelette, un archer, une faucheuse, le crâne en sucre des Mexicains, la vérolée de Rops, la terrible et grotesque ménade que Breughel appelle Margot l'Enragée.

J'aime trop les plaisirs pour être hédoniste. Une musique sublime, une voix exquise, un volnay, l'émerveillement d'un instant, et je suis aux anges. Plus précisément à mon ange, au messager qui, à l'instar de la muse désuète des poètes, exprime des racines de ma vie la sève qu'il essaime par le monde, en fécondant le sol sensible qu'insouciant il effleure.

Je jouis d'un rien mais à la seule condition qu'il soit insé-parable de la vie dont il émane, une aile de papillon dont le battement infime agisse sur la totalité qui l'englobe.

La délectation en verre clos est une dégustation morose. Je ne puis célébrer l'instant sans le dédier à la création d'un monde qui me rendra raison.

L'éclat de rire incite à concevoir la jouissance de soi et du monde comme une explosion vitale, une bombe à fragmentation qui, au lieu de tuer et mutiler, propage des ondes jubilatoires, capables de détruire sans coup férir ce qui menace de nous détruire. C'est pourquoi la religion et les tyrannies stigmatisent ce corps en joie, capable, ainsi que le pressentait Rabelais, d'éveiller les sociétés ensommeillées et de susciter en leur sein des orgasmes printaniers.

Je me méfie de l'alcool qui dilue la tristesse. Comment se garder des cauchemars quand dès l'aube se brisent les rêves ?

Il existe en revanche une joie de l'ivresse. Elle est d'autant plus roborative qu'une certitude l'habite : il n'est pas nécessaire d'être ivre pour être joyeux.

Mon père m'a inculqué très tôt une éthique de la démesure éthylique : pas de dépendance, pas de déchéance mentale, pas de fréquentations malsaines (il entendait par là patrons, délateurs, flics, militaires, brutes insensibles et inhumaines). Ne jamais trahir la conscience prolétarienne d'où naîtra l'émancipation.

Passe de briser un verre par sotte gaucherie, mais non de verser dans le crétinisme. Rouler sous la table, soit, mais sans y fourvoyer son intelligence ; lui intimer plutôt un prudent silence où elle puisse s'assoupir et se réveiller sans dommage.

Je n'ai jamais réprouvé l'état de confusion provoqué par l'ivresse. Je me contente de la placer sous la tutelle d'une vie franche et heureuse. Ainsi m'offre-t-elle la latitude de m'égarer dans les recoins insoupçonnés de mon capricieux labyrinthe, où se rencontrent et fraternisent, comme autant d'entités éparses en moi, Minotaure, Ariane et Thésée.

Je veille à lui imprimer une orientation préalable qui me prémunisse contre les roueries de la déréliction, laquelle guette les voluptés vacillantes pour les assommer et les ensevelir dans la fosse des regrets, voire des remords. C'est ma façon de m'en remettre à ce malicieux génie que le vulgaire appelle le Dieu des ivrognes. Il concilie les forces adverses au lieu de les abandonner à une obscurité mentale où elles risqueraient de se navrer.

L'alcool a jadis enrobé ma lucidité fluctuante de périlleux éblouissements. Il fut un temps où il confortait avec une complaisance suspecte ma propension à détruire un monde abhorré en me détruisant glorieusement. Cependant, il agissait aussi en sens contraire, il exacerbait mon refus viscéral de contraintes dont je ne sortirais pas indemne. Sacrifier son existence au nom d'une vie à créer augure mal du futur.

Souterraine comme la taupe, ma conscience d'un bonheur possible allait de l'avant avec une aveugle obstination, elle traçait son sillon. Ainsi, renversant la terre, telle une glèbe dont la surface stérile m'accablait, le soc de la charrue révélait un trésor enfoui.

Il me fallut longtemps pour comprendre qu'il existe un seul point d'appui capable d'offrir une assise ferme et une assurance constante au projet de subvertir le monde. C'est de créer son bonheur en sorte qu'enrichi du bonheur des autres, il s'emploie à le favoriser. À l'exemple de l'amour, où la jouissance s'affine en se donnant.

J'estime trop l'ivresse pour tolérer qu'elle excuse un comportement indigne ou agressif. Mon opinion ne procède pas d'un choix moral, mais du bon usage que j'assigne à la dissipation.

Si loin que l'ébriété me mène, j'entends que ma volonté de vivre soit la seule à lui frayer un chemin. Aussi, quelle opiniâtreté, quels serments d'ivrogne enfin fidèle à sa promesse, pour arriver à ne plus éprouver, les lendemains de beuveries, ni la gueule de bois dont on fait les cercueils, ni la gueule enfarinée du hâbleur qui s'en gausse !

Nous sommes façonnés par les réflexes de mort, de culpabilité, d'impuissance dont se bâtissent les murs de lamentations qui bornent notre univers, si loin qu'il s'étende.

J'ai témoigné dans le *Traité de savoir-vivre* du réconfort offert aux captifs du désespoir par l'échec du stalinien Pavlov. Ayant conditionné de pauvres chiens à se conduire à son signal avec la même servilité qui le faisait ramper aux pieds de ses maîtres, il avait constaté, à la suite d'une inondation des cages, que ses victimes, sous l'effet d'un choc qui perturbait la routine de leurs tourments ordinaires, avaient perdu la mémoire des réflexes d'obéissance acquis au prix de longues années.

J'attendais de la révolution qu'elle nettoyât de leur crétinisme formaté un grand nombre de résignés, traditionnellement convaincus que la malédiction qui pèse sur eux est inéluctable et que rien ne se peut entreprendre, hormis surseoir au coup de grâce.

Mon espérance était à la fois un leurre et un piège. Comment rester tapi parmi les immondices, à patienter que la poubelle s'ouvre, sans risquer soi-même d'étouffer sous la pourriture? À quel type de révolution peuvent prétendre des individus qui, même sans aller jusqu'à se sacrifier, ont mis leurs jouissances entre parenthèses dans l'attente que les parenthèses tombent?

Nous avons vécu pendant de trop longues années sur le fil du rasoir, entre pertes et profits. N'est-ce pas ainsi que d'insanes traditions enjoignent aux hommes non de vivre mais de survivre?

La rencontre d'êtres qui me ressemblaient, avec qui une phrase était entendue à demi-mot, dont le dialogue s'accordait au cheminement de mes réflexions, m'impulsait le souffle extraordinaire de la vivacité.

J'appareillais pour le grand large sur le frêle esquif d'une volonté qui se rêvait irrépressible, celle de créer un monde meilleur. Je puisais dans le sommeil de la raison marchande un délire passionnel qui tourbillonnait et s'élevait du fin fond de ma solitude et de la petite ville où j'étais confiné.

Je n'éprouve ni vénération pour Paris, qui a prêté à mes murmures une voix plus forte, ni condescendance pour Lessines, à laquelle je dois, comme si son sous-sol de porphyre endurcissait les décisions, une solidité parfois proche de la balourdise.

Il ne s'agit jamais d'être moderne mais d'être soi en étant de son temps et hors du temps.

Dans la fébrilité où j'écrivais le *Traité de savoir-vivre* je redoutais le glaive d'une mort prématurée, que j'avais romantiquement suspendu au-dessus de moi. Avant de prendre l'avion pour New York, en 1967, j'enregistrai sur magnétophone, dans la hantise d'un accident qui me raierait de la mémoire des hommes, la totalité du texte qu'aucun éditeur n'avait encore accepté.

J'ai longtemps invoqué dans mes pensées Shelley et Évariste Galois, morts jeunes d'avoir tout donné avec une maturité précoce. Il a fallu que je vieillisse pour m'initier à cette vivacité sans âge qui dispense des comptes et des décomptes.

Ce que j'exige de la vie, c'est l'intensité. Je fais en sorte qu'elle me l'accorde. J'essaie de me donner à elle comme elle se donne à moi.

Nous étions empreints d'une grande colère. J'ai long-temps fait mien le mot de Paul Nizan : « Je leur dois beau-coup de haine. Ils ont failli me perdre. » Le drame ordinaire de la haine, c'est qu'à l'instar de l'amour, elle se propage comme une traînée de poudre mais au lieu de vous embraser de bonheur, elle vous explose à la face et meurtrit ceux dont la sollicitude vous entoure.

Si j'ai appris à ne plus me délester de ma mauvaise humeur sur le premier venu, la résolution éthique n'y est pour rien. Les meilleures intentions ne suffiront jamais à éviter le défoulement revanchard, l'imbécile transgression qui rend hommage à l'interdit. L'énergie que réclame l'ac-complissement de mes désirs, je l'estime beaucoup trop précieuse pour la dilapider dans l'agressivité et les émotions dissolvantes.

Nous nous enlisons dans les tourbières de la déréliction à défaut d'être attentifs aux signaux que nos secrètes jubi-lations nous adressent. Quelle civilisation sinistre que celle où la mort valorise une vie que l'on estime sans valeur !

III. Le nihilisme apocalyptique est l'œuvre de mort de la prédation.

La prédation est le comportement de survie propre au monde animal. Sa persistance traduit chez l'homme la bestialité originelle qu'il n'a pas dépassée, la tare qu'il assume honteusement et où il puise avec orgueil sa volonté de puissance.

Quand j'éprouve le plaisir d'offrir à mes chats le privilège d'une félicité ronronnante, c'est en raison de conditions sociales et psychologiques au sein desquelles j'ai fait primer ma volonté de vivre sur le travail de survie et la générosité naturelle sur le calcul égoïste.

L'infamie n'est pas que des millions de Terriens ne bénéficient pas du confort que j'accorde à des bêtes. L'ignominie, c'est qu'ils soient éreintés par la fatigue d'avoir à fouiller l'ordure quotidienne pour en extraire leur subsistance. Leur situation prédispose mal à la joie de vivre et à la bonté qu'elle dispense. La mauvaise conscience des démagogues humanitaires consiste à dénoncer le scandale à l'endroit où il n'est pas.

Par un répugnant paradoxe, le front de la survie unit, dans une même propension à la barbarie, les victimes de la surexploitation et les exploiteurs pour qui le vivant n'est qu'un chiffre. Partout où la vraie vie défaille, par carence ou par mépris, rien ne se donne, tout est pris et se perd.

À mesure qu'il se dégageait de l'animalité, l'homme du paléolithique a découvert, avec la faculté de créer et de se créer, la capacité de changer le monde en dépassant l'activité prédatrice.

L'émergence d'une civilisation agraire et marchande a brutalement freiné l'évolution de l'homme. Elle l'a dévoyée vers l'inhumanité en occultant une conscience qui, inspirée par la généreuse profusion de la nature, n'avait nulle raison de la mettre au pillage.

Nous sommes restés captifs d'un travail de prédation qui nous maintient à un stade régressif, en entravant le développement de la vie. Un propos du *Traité de savoir-vivre*, « Survivre nous a jusqu'à présent empêchés de vivre », mettait en évidence ce qu'il y a de fondamentalement suicidaire dans le non-dépassement de la survie. En quelques décennies, le constat s'est banalisé de façon navrante.

En vouant l'homme et son environnement à la déperdition et à l'anéantissement, notre devenir s'est heurté à une impasse. Sous couvert d'assurer la sauvegarde de la planète, sa dégradation systématique provoque une terreur névrotique. La galvanisation de la vie se mue en un sursaut d'agonie, en un affolement cellulaire qui cancérise le corps, la société et les mœurs.

Parce qu'elle est une vie par défaut, la survie ne croît qu'à l'ombre de la mort.

J'ai gardé de mes débordements hédonistes du passé le souvenir d'une rage où l'assouvissement compensait l'inaccomplissement de la vie. Pourtant mon corps projetait comme des feux Saint-Elme ces efflorescences instinctives que je me contraignais d'ignorer, par orgueil ou désinvolture, et qui me consumaient au lieu de m'enflammer.

L'histoire démontre, hélas, que ces ondes délétères ont gâté le plus souvent les révolutions ; le monde qu'elles prétendaient bouleverser n'a pris que la peine de s'enrichir de leur corruption. Y a-t-il une autre cause à la frénésie de la consommation où des générations sacrifient l'être à l'avoir ?

Mieux vaudrait s'aviser une fois pour toutes que la révolution est une affaire personnelle. Du moins le plaisir de s'appartenir la nourrirait-elle, et non l'idéologie impersonnelle où le premier venu se taille une guenipe à la mesure de ses ambitions.

L'évolution marchande s'est toujours bornée à dorer d'une modernité à la mode le plomb d'une culture coulée dans le vieux creuset de l'antinature.

Malgré sa cohérence, la critique situationniste des idées dominantes a sous-estimé à quel point le fondamentalisme économique imprimait son empreinte aux idées qui le combattaient.

J'ai toujours été frappé de la rapidité avec laquelle les enfants mal aimés, tourmentés, frustrés, transformaient un jeu de vie en un cruel jeu de brimades. Adultes des années soixante, nous présentions, moins qu'auparavant et plus qu'aujourd'hui, le risque de perpétuer en nous une enfance exposée à vieillir avec les rides de la carence affective.

Le recours à l'exclusion, justifiée ou non, procédait, à bien des égards, du refus d'admettre que l'ennemi extérieur était aussi logé en nous. Certes, il était plus commode de dépister l'élément hostile hors de soi et honteusement tapi au sein du groupe. Les déviationnistes furent divers et allèrent en nombre croissant. Les plus notables, les artistes Jörgen Nash, Heimrad Prem, Dieter Kunzelmann, le mystique Kotányi, le scissionniste Donald Nicholson-Smith, les révisionnistes Jean Garnault, Édith et Théo Frey ouvrirent une voie où proliférèrent de nouveaux compagnons, hâtivement venus, vite disparus.

La vieille pratique inquisitoriale prescrivait de vouer l'apostat à l'exécration, de l'accabler d'une condamnation exemplaire, de le tuer symboliquement.

Nul d'entre nous — à commencer par les futurs exclus — ne s'est alarmé du retour incongru du bouc émissaire sur le chemin du renouveau social. Nul ne s'est soucié des inquiétantes analogies que notre comportement présentait avec les pratiques révoltantes de la justice bourgeoise et stalinienne, là-bas où l'exclusion menait à la potence, au lynchage, au goulag, à l'hôpital psychiatrique.

Bientôt les prétextes les plus futiles justifièrent l'anathème. Tel qui avait vitupéré le film *Viva Villa*, que nous étions plusieurs à encenser, tomba peu après sous l'accusation de déficience théorique. Il suffisait d'un réquisitoire fourbi en faveur du salut commun pour qu'un comportement amicalement brocardé se muât en une accusation infamante.

En butte à un monde hostile, nous avons succombé à une fièvre obsidionale qu'une rationalité délirante n'a fait qu'aggraver. Nous n'avons pas décelé à temps le symptôme d'une maladie qui avait emporté plus d'une organisation, d'une faction, d'un cénacle : le sentiment d'une défaite inéluctable et la rage complaisante qui la précipitait.

Dans l'hystérie paranoïaque de notre groupe d'hémophiles excoriés retentissait l'écho d'une exaltation que nous voulions romantique ; elle était seulement morbide.

Car enfin, nous avions entrepris la révolution en gageant ses espérances sur notre fin apocalyptique.

Pendant que les peuples en proie à l'oppression libératrice de la bureaucratie stalinienne vivaient dans la promesse glorieuse de raisins mûrs et les mangeaient verts en grimaçant d'amertume, nous avions, au nom de l'intransigeance révolutionnaire, introduit dans le jeu de nos affinités électives celui de la carte noire, par laquelle les pirates signifiaient la mise à mort d'un compagnon.

Je n'éprouve pas l'inutile regret d'un tel aveuglement. J'y ai gagné la ferme décision qu'on ne me reprendrait plus à adhérer à quelque club de joueurs politiques que ce soit.

La pratique situationniste de l'exclusion participait davantage du réflexe idéologique que d'une réaction épidermique, telle la vie rétractile au toucher qui la navre.

Je privilégie aujourd'hui le vieux principe libertaire : « Ne nous groupons que par affinité. » Je ne fréquente, selon l'expression d'un de mes amis, que les gens de mon village, cette communauté où la générosité humaine va de soi et prime toute autre considération.

Sur l'intransigeance du rejet planait aussi l'ombre morbide de l'épée de Damoclès. La peur de faillir, de démériter, de trahir entretenait une menace palpable. Nous caressions les sombres Érinnyes afin de nous en prémunir en leur désignant la proie sur laquelle elles auraient pleine légitimité de fondre. Cependant, à l'instar du commun, qui sans avoir lu Machiavel en pratique l'art, nous savions parfaitement que la peur est l'arme la plus efficace du pouvoir.

Sans doute l'aventure amoureuse ne m'avait-elle pas encore enseigné à satiété que l'affection creuse l'ornière de son déclin et les chausse-trapes de la trahison si elle ne se donne sans crainte, sans réserve, sans échange, sans contrepartie. Que de ruptures il a fallu pour que je comprenne qu'en les conjecturant dès le début je programmais l'inéluctable fin des rencontres!

Nous rendons souvent notre plaisir détestable à force de le pimenter en nous gâtant l'estomac.

Si la plupart des mouvements insurrectionnels s'obstinent à combattre le vieux monde à l'agonie avec les armes de la mort, c'est — comme le révèle l'effondrement de leurs idéologies politiques — qu'elles sont marquées au sceau du réflexe prédateur. S'approprier tue et voue à être tué. La mort est l'alpha et l'oméga de la prédation.

Rien n'a résisté aux coups de boutoir de l'argent fétichisé, pas même la marchandise, dont la valeur d'échange hypertrophiée vacille en porte-à-faux au-dessus d'une valeur d'usage vidée de sa substance.

La table rase, sur laquelle nous voulions bâtir une société et une civilisation nouvelles, est une triste table vide, balayée par le vent des affaires. Elle sert de base à une idéologie qui consomme la ruine de toutes les autres : le nihilisme.

Le nihilisme règne sans partage. Nous sommes entrés dans l'ère du rien et de son spectacle, qui occulte la conscience d'un dépassement possible.

L'envers vaut l'endroit. Il n'y a plus ni haut ni bas, ni droite ni gauche. Tout est emporté par le maelström du profit, où la vie se vidange.

Le délabrement planétaire et la disparition programmée des espèces, voilà le vrai néant. Où passe la grande faucheuse, l'herbe ne repousse pas. À ceux qui rêvent d'ensemencement et de fertilité il ne reste que les stériles indignations du désespoir.

L'abdication devant les choses et l'argent qui les représente a réduit le vivant à une donnée comptable dans le calcul aléatoire des transactions boursières. Les gestionnaires de la faillite et de la paupérisation croissante ont fait de l'humain l'image publicitaire du confort dans la servitude.

C'est le cauchemar récurrent de notre époque que de subir l'attrait de la chute et de se précipiter dans la déchéance pour jouir mortellement d'un présent qui subsiste par inertie.

Le déclin de l'être dans l'avoir n'a jamais fabriqué aussi frénétiquement des générations de suicidaires.

Nous avons sous-estimé l'emprise que les mécanismes de l'économie exerçaient sur notre critique du vieux monde. La résolution de détruire d'abord ce qui nous détruisait a failli nous déliter avant que de saisir le temps de vivre. Notre détermination d'en finir avec l'aliénation passée nous a dissuadés de pousser plus avant les tentations du vivace alors que tant de moments heureux n'aspiraient qu'à se parfaire.

Nous n'avons pas outrepassé le stade de la morale révolutionnaire. Or, l'éthique n'est jamais que l'hommage de la pureté à la corruption. C'est en quoi elle est inséparable de l'esthétique, qui ne célèbre que la beauté de l'éphémère et l'aube de la décrépitude.

Ma haine viscérale de la bourgeoisie, des nantis et de leurs valets me conviait à réclamer leur anéantissement. J'identifiais, avec une exultation somme toute désolante, la lutte finale à un règlement de comptes universel. Je me sentais en sympathie avec Jenny, la fiancée du pirate qui crie « hop là! » chaque fois que roule dans le caniveau la tête d'un notable.

Il m'arrive encore de m'étonner qu'informées du montant des transactions financières qui transitent par-dessus leur tête, les foules paupérisées et condamnées à une précarité croissante ne soient brutalement saisies d'une légitime colère et ne promènent fichées sur une pique les têtes interchangeables de ces petits hommes dont un chiffre d'affaires subroge jusqu'au nom.

C'est pourquoi abattre le vieux monde nous a longtemps exaltés davantage qu'en fonder un nouveau. Notre patient travail de sape ne prendrait fin qu'avec la beauté convulsive d'un champ de ruines, frayant la voie aux bâtisseurs de cités idéales. Certes! Mais quelle était dans l'aventure la part sournoise et vipérine de la mort?

Mon ressentiment m'a paru de bon aloi, le temps de m'aviser que l'ennemi, si haïssable soit-il, servait de prétexte à exorciser mon malaise, à compenser le manque à vivre.

Nous jugions impensable que la cohérence révolutionnaire pût s'entacher d'un mensonge similaire à cette solidarité de parade, à cet altruisme dévot, à cet « être ensemble » que martèlent les politiques nationalistes, ethniques ou tribales. Mais comment se targuer d'égalité et ne pas cesser d'obéir aussitôt à d'implicites préséances, à des réflexes de compétition, à des joutes concurrentielles ?

La société marchande assure-t-elle autrement son emprise qu'en exacerbant les frustrations personnelles aux dépens des timides avancées du bonheur ?

Les suicides étaient fréquents dans la petite ville où j'habitais. Ceux qui en colportaient la nouvelle affichaient souvent un cruel détachement, un humour conventionnel et grimaçant. Personne ne s'y trompait. C'était manière de conjurer la peur, la douleur, l'angoisse et, surtout, l'onde de choc que propageait, par des voies indicibles et tortueuses, la fascination d'un geste réglant irrévocablement le cours d'une destinée.

J'entends encore, avec une atroce sensation de « chute », un ami de mon père annoncer, en son patois picard, qu'une lointaine cousine, lassée d'un amour sans espoir, s'était « mise à sécher ». Et tous de masquer sous les ricanements de façade une soudaine débâcle intérieure, tandis que la femme, que j'avais connue avenante et joyeuse, tressautait sous mes yeux, comme lessive au vent, sa robe à fleurs devenue linceul.

« Il s'est défait », disait-on encore d'un désespéré, suggérant qu'ayant été façonné contre nature, c'était se rétablir dans une voie naturelle que d'abréger l'imposture de jours si peu crédibles.

Le suicide est une porte ouverte à tous sans distinction d'infortunes. Un coup de pied, un coup de tête suffisent à la pousser ; l'accès à l'au-delà est plus rapide que les tortueux chemins de l'en deçà. Quelle existence n'a jamais songé abolir l'ennui blafard en un bref et intense éclair noir ?

Le suicide a toujours offert au mal de survie une panacée digne de sa vacuité. L'échappatoire est commode, souvent digne, parfois discrète, modeste dans son ostentation, respectueuse des traditions. Elle n'est abjecte qu'en devenant grégaire.

Ce qui subsiste de pathétiquement mystérieux dans la noyade collective des lemmings se mue en rage dévastatrice, en peste émotionnelle dès l'instant que les peuples s'enfouissent dans le charnier des guerres, des holocaustes, des tyrannies plébiscitées, des rivalités de pouvoir, des razzias de la cupidité.

En dépit des ordinaires danses macabres qui rythmaient le film de mes jeunes années, je n'ai pas souvenir d'avoir été fasciné, si ce n'est en de brefs instants, par les pavanes du néant. Pourtant, dans les années cinquante, lors des troubles suscités par le retour en Belgique d'un roi exécré pour ses opinions fascisantes, tandis que les militants socialistes réunis à la Maison du peuple de Lessines ressortaient les armes de la Résistance et envisageaient de monter sur Bruxelles en forçant les barrages érigés par l'armée, une étrange exaltation s'est emparée de moi et des jeunes gens de mon âge. Nous n'aspirions qu'au combat, traitant de lâches et de réformistes les vieux militants qui nous remontraient la folie d'une telle entreprise.

J'ai toujours éprouvé la plus grande aversion à l'endroit du martyre, sacrifice d'autant plus odieux qu'il se veut complaisant. Mais, en l'occurrence, nul n'était besoin de réchauffer les casseroles de l'héroïsme pour nourrir l'énergie du désespoir qui nous dévorait et nous exaltait. Qu'attendions-nous de l'insurrection ? Qu'elle nous ajuste le cœur à hauteur des balles qui nous fusilleraient.

Je n'y voyais qu'un jeu de vie ou, plus exactement, une vie enfin jouée. J'aurais mauvais gré de le nier : je savais pertinemment que l'échiquier réclamait de la chair pantelante et du sang. En dédiant ma mort à quelque salutaire bouleversement de l'histoire, j'endimanchais le suicide. C'est une disposition que j'ai enterrée dans le passé, et je danse sur sa tombe.

On s'abandonne à la mort, on se donne à la vie. Celui qui ne médite d'autre fin que de bien vivre ne se préoccupe pas de ses funérailles.

J'ai longtemps pressenti dans la révolution mon rendez-vous de Samarkand. La conscience de ce qui m'y attendait relevait à la fois du détail futile et d'une joie excentrique. Le long sursis que la difficulté des temps me laissait entrevoir me préparait à l'échéance d'une certitude qui avait le mérite d'en essaimer d'autres. De mon exaltation à succomber sur la barrière du combat, je tirais une vivacité sans laquelle les plaisirs quotidiens fussent restés ternes et déceptifs.

J'échouais cependant à me départir d'un malaise diffus, que je m'interdisais d'analyser plus avant. Quelque part en moi, en cet endroit qui est source inépuisable de vie, je trahissais des desseins qui étaient miens et qui me dépassaient. Il y avait en moi un je ne sais quoi de confus et de déterminé, une énergie protoplasmique originelle que j'aurais dû confier aux caresses de la vie et non livrer aux griffes d'Atropos. L'intention, c'est vite dit, mais comment l'entendre quand le fracas de l'ennui résonne autour de vous en échos lancinants ?

Les conditions n'ont fait qu'empirer. L'aliénation du travail s'est accrue à mesure que son utilité sociale décroissait. Sous la pression de la spéculation boursière et d'une inflation de services stériles, la production des biens sociaux se délite.

Désormais, c'est le vide qui travaille. Il produit de l'argent en anéantissant les espèces et les ressources terrestres. La civilisation marchande découvre, en son déclin, l'essence originelle de son devenir : une culture de la prédation qui sous couvert de garantir la survie des hommes la détruit. Comment obtempérer aux sollicitudes du suicide dès lors qu'il acquiesce aux impératifs répugnants d'un monde ignoble ?

Peut-être la révolution m'offrait-elle la commodité d'un trépas différé et adoubé d'un prestige de bon aloi. Mais le prestige est-il jamais de bon aloi ? L'idée de graver son nom dans l'histoire n'aboutit qu'à laisser un nom sur une pierre tombale. C'est être peu vivant que de songer à son tombeau.

Et puis, quelle histoire ? Celle d'une inhumanité inhérente à l'ère marchande ? Celle d'une humanité, qui existe à peine et peine depuis des millénaires à s'inventer ? Et comment nourrir le projet de la construire, cette humanité, s'il me manque la volonté de la créer au fil de ma vie labyrinthique ?

« La vie est l'éternelle renaissance d'une force immanente et paradoxalement sans début ni fin. Elle naît d'elle-même et conçoit ainsi le rêve insensé que sans trêve je renaisse à moi-même. » Allez donc, dans le glas des *requiem* universels, faire entendre ces petites notes d'apertintailles !

Ce n'est que plus tard qu'une pensée a pris corps et m'a rasséréné : le désir irrépressible d'une vie autre est déjà cette vie-là.

La paix du cimetière invoquée par l'imbécile *Sagesse des Nations* a beau susciter la raillerie, le culte du cadavre continue de dispenser un lot appréciable de consolations. L'égalité instaurée entre riches et pauvres dans les entrailles de la terre a fasciné de son faux-semblant jusqu'aux plus épris de libertés terrestres. Cette égalité-là participe des fantasmagories de l'au-delà. Il n'y a pas d'égalité où la vie se mesure à l'aune du néant.

L'esprit de mort triomphe en maniant la grande faux de la dévastation planétaire sous le regard léthargique de foules énervées. N'est-ce pas, une fois de plus, la *Sagesse des Nations* qui prononce le verdict sans appel de la délectation morose : « Il faut bien mourir de quelque chose » ?

L'indifférence envers la mort ne relève pas du stoïcisme mais d'un nihilisme inhérent à la dictature du profit. Bien qu'ils n'habitent pas du même côté, une résignation identique brise et broie contre le mur mitoyen des lamentations les os et les consciences des valets de finance et des esclaves mendiant la monnaie de l'argent escroqué.

Je me plaisais jadis à identifier la posture du combattant, dressé sur une barricade à l'instant où le frappe une balle, à l'orgueilleuse érection du mâle, à la tétanisation musculaire dont la fatuité masculine tire une gloire pusillanime.

Une des raisons du succès remporté par la photo de Robert Capa tient-elle à cet émoi secret qu'inspire le milicien de la bataille de l'Èbre, ithyphallique à jamais, dans le moment que la foudre, pareillement issue du fusil qu'il brandit à bout de bras, le frappe d'une éternelle détumescence?

Ainsi de l'insurrection de la vie : entraînée dans les guerres du pouvoir, elle se perd sous couvert de se conforter.

L'absence de vie — l'absence d'amour — propage le germe d'une peste émotionnelle dont l'apocalyptisme porte la trace emblématique. De l'extrême gauche à l'extrême droite, le clientélisme politique forme avec une netteté croissante ce qui n'est rien d'autre qu'un front des suicidaires.

La tyrannie de l'argent à « tout prix » a façonné un parti de la vacuité œcuménique. Ne dirait-on pas que la vérité de notre civilisation prédatrice jaillit en un éclair de ses pôles alpha et oméga, dangereusement raccordés par l'histoire? Son début et sa fin sont les fils dénudés d'où s'apprête à jaillir un éclair de mort et de lumière.

Les groupes, les collectivités, les sociétés mortifères frappent avec la tranquille conviction de l'anéantissement, sans se soucier de raison ni de déraison religieuse ou idéologique. Ce qui s'agite dans le sillage du cadavre social n'est que vile résignation, critique maladive, intelligence inadéquate, ravissement devant l'échec inéluctable.

Les victimes de la peste la propagent le plus souvent avec une malfaisante insouciance, voire avec une exultation perverse. Les pandémies bovines, aviaires, ovines, porcines font l'objet d'études et de mises en garde mais nul ne s'alarme des bubons et des tumeurs dont la haine, le mépris, la peur de vivre gâtent le corps et les mœurs.

Rien ne lubrifie si efficacement le mécanisme par lequel la joie de vivre s'inverse en réflexe de mort que le désespoir existentiel qui suinte du pressoir planétaire. Et que font les esprits lucides ? Essaient-ils de briser la machine ? Non, ils expliquent comment progresse le tour d'écrou, de quelle façon la vis se resserre, à quel degré de pression la vie quotidienne éclate et saigne.

S'incliner devant un fait que l'on réprouve lui concède un caractère inéluctable. Le constat offre à la résignation l'un de ses traits les plus redoutables.

Le *Traité de savoir-vivre* analyse sans ambiguïté ce que la propagande en vogue dans les années soixante appelait — selon cette américanisation qui ne cesse d'abâtardir la langue française et d'en gâter l'intelligence — le « *welfare state* ». Il en démonte aisément les rouages, montrant qu'inciter au bien-être de consommer et de se consumer relève, par assimilation des biens et de l'être, à la lente dissolution de l'être dans l'avoir, à la réification.

Or, nombre de lecteurs du *Traité* ont manifesté pour ma vivisection de la survie un intérêt si prégnant que le remède leur a paru superflu. Le renversement de perspective que je préconisais n'entrait pas dans leur armoire culturelle, si ce n'est à la sauvette, au fond du tiroir réservé à l'utopie. C'est comme si j'avais repeint, à l'aide d'un pinceau emprunté occasionnellement à Marx, ce *Voyage au bout de la nuit*, dont les intellectuels font leur bible, en occultant ce qui, dans le destin crapuleux de son auteur, illustre leur complaisante veulerie.

Aurais-je été perçu de façon aberrante si je n'avais donné moi-même, *volens nolens*, des gages à l'aberration? Pouvais-je éviter de me poser la question? Ceux qui me lisaient et étaient censés me comprendre se seraient-ils accommodés de cette vie sans la vie, de cette vie économisée à laquelle j'avais donné le nom de survie, si je n'étais resté captif d'une intellectualité dont je mettrais longtemps à me libérer, frayant au fil de livres, toujours nouveaux et toujours rémanents, les voies par lesquelles mon vécu devenait de plus en plus sensible à la gravitation du corps et à sa conscience.

En relisant le *Traité de savoir-vivre*, j'ai le sentiment d'avoir laissé transparaître, dans mon exaltation de la vie et la révolution, l'existence d'un pacte secret, signé de mon sang et en vertu duquel j'accepterais de mourir, une fois déchaînée la grande insurrection apocalyptique d'où surgirait le troisième Âge, la grande réconciliation des hommes avec leur destinée humaine.

En avais-je conscience? Non. Une vague prémonition tout au plus. J'en aurais appris davantage sur les coins obscurs de ma volonté de vivre si j'avais accordé plus d'attention aux musiques qui prêtaient une aveuglante clarté à mes opacités : le *Requiem* de Jean Gilles, *La Jeune Fille et la*

Mort de Schubert, *Schlage doch* de Melchior Hoffmann, l'air de Vitelia *Non più di fiori* dans *La Clémence de Titus,* le duo de *Norma,* les *Stabat mater* de Pergolèse et de Boccherini, dont, aujourd'hui encore, les trios accompagnent fidèlement mes états crépusculaires.

Je ne répudie pas cette volonté d'annuler la totalité d'un monde avaricieux pour ériger la totalité de la vie sur les assises du rien. La résolution a beau se ressentir de l'intellectualité dont elle s'est détachée malaisément, sa filiation stirnérienne me dispense de la confondre avec le nihilisme issu du déluge marchand.

Ce qui risquait de me consumer au flambeau de la révolution — et je recours ici à dessein à la redondance rhétorique — n'était nullement une forme de renoncement sacrificiel mais une exubérance incontrôlée, le bondissement du jeune chien, inconscient des périls que son aveuglement suscite.

Faute d'un affinement qui l'humanise, le déferlement chaotique du vivant s'en remet à la mort du soin de canaliser ses outrances, d'émonder ses surgeons, de rétablir un équilibre dont la rupture lui est préjudiciable.

Tant de révolutions triomphantes n'ont été que le rappel à l'ordre obituaire d'une révolte spontanée, généreuse, exacerbée et sans conscience.

Aujourd'hui, le spectacle des révolutions ne masque plus la réalité de leurs charniers mais il dissimule toujours l'impulsion de vie qui s'est inversée au lieu de se parfaire.

Moi aussi je me suis voué, trop longtemps peut-être, à la sauvagerie dévorante, à ce désir d'être tout au péril de se perdre, qui livra Orphée aux ménades.

Araser le passé me paraissait le prélude indispensable à une réédification sociale. Comme nous avions tout lieu de redouter la récupération spectaculaire, qui rompt la pensée aux exigences du marché et la fait vieillir dans la modernité, nous rêvions de déliter le vieux monde dans sa totalité afin que même ses ruines cessent de nous encombrer.

Évacuer les archaïsmes sociaux, psychologiques et mentaux ne risquait pas de se confondre avec le rejet du passé inhérent à l'arrivisme artistique, à l'idéologie de la jeunesse et de la vieillesse, et moins encore aux forgeries religieuses, aux réécritures staliniennes, au révisionnisme ordinaire de l'histoire officielle.

Il ne s'agissait que de jeter à bas la gigantesque tour de Babel dont la civilisation marchande avait fait la citadelle de l'inhumanité. Nous voulions exonérer de sa masse gigantesque les racines d'une vie qui avait tenu bon malgré la conjuration des siècles. Nous avions entrepris de raviver les traces d'une résistance réprimée et invaincue, de saisir les tentatives d'émancipation au bond de leur trajectoire inachevée, de confier au présent la mission de les mener à bonne fin.

Nous aurons été, dans le morne aujourd'hui où la plupart ne pressentent d'autre avenir que leur agonie, ces archéologues du futur dont les découvertes brisent l'inéluctable accomplissement des temps.

Je ne rejette pas la totalité du passé mais son inhumanité totalitaire. Quand j'évoque le propos si émotionnellement juste de Scutenaire : « Chaque livre d'histoire en se fermant fait le même bruit : "abrutis" », ma rage confine au coup de gomme de l'oubli.

« Les civilisations sont mortelles », a écrit au fronton d'un temple une des grandes têtes molles du XXe siècle. « Eh! s'écrie l'éboueur, qui chaque jour balaie les riches avenues, ce ne sont que des civilisations de mort. Qu'elles crèvent! »

Les militants prêts à mourir pour une cause suscitaient nos railleries. Leur sacrifice augurait assez du sort qu'ils réserveraient au commun des citoyens le lendemain du Grand Soir. Ce qui me trouble aujourd'hui, c'est que, tout en les accablant, le goût de la mort persistait à me guider à travers les territoires du quotidien où je n'aspirais à rien tant qu'à vivre. Je disposais, pour éviter la contrariété d'un tel aveu, d'alibis confortables : le courage, la désinvolture, l'*amor fati*, voire la nouvelle innocence.

Qui me garantit que l'infâme vocifération de Queipo de Llano « ¡*Viva la muerte!* » n'exerce pas une séduction sournoise sur tant de gens empressés à célébrer la vie alors qu'ils sacrifient la leur à la frénésie des apparences?

Ce n'est pas la mort qui me répugne, c'est le culte de la mort. Qu'il se perpétue si aisément par inertie dans le parti pris du vivant n'est pas ce qui m'inquiète le moins.

Nous nous étions prémunis, par le truchement de l'exclusion, contre la trahison de l'artiste prêt à sacrifier son potentiel de vie pour l'investir dans la renommée d'une œuvre. Ayant participé à l'expulsion des peintres situationnistes en vertu d'une décision qualifiée de radicale, je suis en droit de me demander où se situait ma radicalité dans la longue période suicidaire que je traversais alors, avec pour viatique la pesante allégresse, le désespoir cynique, les folles passions de l'éphémère et un éthylisme modérément obsessionnel.

En d'autres termes n'était-ce pas d'éléments esthétiques que je composais ma vie, la construisant comme une œuvre d'art quelque peu maudite, à laquelle l'embrasement révolutionnaire eût conféré un éclat durable?

Que j'aie rêvé avec Ernest Cœurderoy de hordes barbares dont les chevaux s'abreuvaient dans la Seine tandis que l'aube naissante illuminait, sur Paris en ruine, les yourtes de la nouvelle société, je le comprends, j'y acquiesce.

Si intolérable qu'il fût, le nihilisme du terroriste Netchaïev participait encore de la sanglante illusion de Bakounine, tenant la passion de la destruction pour une passion créatrice. Je ne désavoue pas le Sade de « Français, encore un effort » et du « Dialogue entre un prêtre et un moribond ». Au moins subsistait-il dans sa haine un amour engorgé et, dans sa forfanterie nihiliste, un relent de générosité.

Mais où est l'inachèvement, l'attrait de l'émancipation, l'aspiration au dépassement chez Lacenaire, chez l'ignoble Gilles de Rais, dans le répugnant Jack l'Éventreur, qu'un jeune lecteur du *Traité* s'étonnait à raison de voir figurer dans mon éclectique panthéon ?

Et si, loin d'estomper cette noirceur humoreuse engoncée dans les plis de la conscience, ma croyance en une aube que je ne verrais pas n'avait fait que l'ulcérer davantage ? Et si, à l'époque même où le *Traité* précisait mes espoirs, l'attente apocalyptique d'un jour sans fin m'avait enseveli dans la nuit des gestes anciennes, où le crime se confond avec le geste salutaire ?

Reconnaître ses erreurs ? Rien de plus commode. L'autocritique, qui relevait jadis d'une pressante recommandation stalinienne, participe maintenant de la stratégie politique et affairiste la plus communément spectaculaire. La manœuvre permet de se faire absoudre en crachant le morceau dans un confessionnal de *talk-show*. Le pardon des erreurs sanctifie le crime ; il évite de plonger plus avant pour ôter le quartier de pomme de la malveillance qu'une maladresse a coincé dans la gorge du pécheur.

J'éprouve moins le besoin de trouver à mes errements une explication qui m'évite de récidiver que de m'assurer, presque tactilement, à quel point j'ai changé de perspective. Je sais désormais que ma passion de la vie l'emporte sur la mort, qui m'a longtemps et secrètement fasciné.

Plus la décrépitude du vieux monde s'accélère, emportant pêle-mêle dans le naufrage du temps ses servants et ses contestataires, plus la violence insensée, qui m'a fait jadis préférer un monde anéanti à un monde inchangé, conforte ma violence en sens inverse : ce qui ne mise pas de façon absolue sur la vie humaine et sur son incessante création aboutit à cet anéantissement, qui est le changement dans l'impossibilité de changer.

En dépit de l'expulsion des artistes entachés de situationnisme — mais tous n'étaient pas atteints et Michèle Bernstein comme Jeppesen Victor Martin échappaient au mal — il a subsisté parmi nous une esthétique de la provocation dont la puérilité m'amusait. L'esprit de la *commedia dell' arte* assouplissait de ses saillies parfois bouffonnes ce qu'il y avait de rigueur dans notre pensée et de raideur dans notre éthique révolutionnaire.

La désinvolture cependant ne nous inclinait pas du bon côté de la vie. Je veux dire par là que nous avions souvent le rire plus sardonique que rabelaisien. C'est l'exubérance vitale qui seule a le don de frapper l'éthique de désuétude et de la dépasser. Faire primer l'esthétique sur l'éthique, c'est encadrer une tache de sang sur un mur blanc, une fois évacué le cadavre du fusillé.

La querelle de l'éthique et de l'esthétique? Une branlette spéculative dont la pensée, coupée de son cordon spermatique, fourbit le souvenir de sa vivacité perdue. Oui, il me semble qu'il nous est arrivé plus d'une fois de compisser le vieux monde d'un jet d'urine intellectuelle en quoi s'était métamorphosé le bon foutre du plaisir de vivre.

Que n'avons-nous cultivé davantage ce rire viscéral qui nous emportait les soirs de beuverie quand le nouveau monde en nous chantait à *tue-tête*!

Si je me flatte de n'avoir aucune accointance avec le situationnisme, qui occupe sur l'étal du spectacle culturel la place que les aléas du marché lui réservent, ce n'est ni par droiture éthique ni par répugnance esthétique mais parce qu'enfin dégagé de l'intellectualité qui m'encombrait je ne déambule plus que là où le désir me porte.

Je suis né, rue des Carrières, dans les quartiers ouvriers de la ville basse. J'ai grandi dans une maison, construite en 1940 par mon oncle, chargé des travaux de voirie à la ville de Lessines. Elle s'élevait à la lisière d'un faubourg mal famé où un évangélisme communiste assez désopilant tentait d'entretenir, au sein d'un milieu dominé par le lumpenproletariat, des bribes de conscience révolutionnaire.

Alors que les habitants s'y déchiraient en incessantes guerres de voisinage — ce qui valait à l'artère principale le nom de rue de Russie — les enfants étaient mes compagnons d'école. Ils fréquentaient comme moi les Faucons rouges et les colonies socialistes de vacances. Cela ne nous empêchait pas d'attaquer en bande ceux de la rue de l'Abattoir, issus d'un quartier aussi défavorisé que la petite Russie mais que d'absurdes limites tribales nous rendaient étrangers et hostiles.

C'est comme si notre haine des nantis, des exploiteurs, des fauteurs de misère nous avait aveuglés et qu'exigeant son tribut de violence elle nous poussait à nous entredévorer.

Le sentiment d'ennui, de frustration, de bonheur raté est un cauchemar que l'envie vous prend de propager aux quatre coins du monde à défaut d'en vouloir extirper les causes et de soi et de la société.

J'ai longtemps rêvé d'incendier les quartiers huppés, d'égorger les riches, d'exterminer ces valets de finance dont la Bourse règle l'existence sans attrait et dont les tripotages mafieux s'imposent comme le parfait modèle de l'apprentissage social.

Je n'ai jamais renoncé — et je renonce moins que jamais — au projet d'anéantir la tourbe des pollueurs et des pillards de la vie et de la terre. J'ai résolu de m'en remettre désormais à la volonté de vivre, non plus au réflexe de mort que commandite son inversion. J'ai cessé de nourrir les rêveries de l'ange exterminateur, fussent-elles celles d'Émile Henry, de Ravachol ou de Bonnot, que justifiait le sanglant écrasement de la Commune de Paris.

J'ai la conviction que le meilleur moyen n'est ni de détruire mes ennemis en me détruisant, ni de les liquider en me sacrifiant mais de construire ma propre vie, d'instaurer en moi et autour de moi cette gratuité du vivant qui n'a ni à se payer ni à payer les éléments qui le nourrissent et le constituent : l'air, la terre, l'eau, les plantes.

Le vide de l'existence est ce qui s'est transmis le plus fidèlement de générations en générations. Nul qui ne soit légataire d'une vanité avide d'enfler ses pathétiques insuffisances. N'était-ce pas, pour les religions, pain bénit et pain pourri, que cette insatiable inanité dont seule l'appétence quotidienne de la mort pouvait tromper les attentes ?

La pratique des rôles sociaux et des apparences revêt d'autant plus d'importance qu'elle supplée à la nullité passionnelle du vivant. La tradition apprécie qu'elle paie servilement son écot au pouvoir.

Les pavanes du prestige qui, chez les animaux, obéissent à l'instinct prédateur, participent chez les hommes de l'esprit qui règne sur le corps, le contraint au travail et le rabaisse à cette appropriation sauvage que l'homme est appelé à dépasser en dépassant sa bestialité.

Ainsi, en nous ravalant à survivre *more bestiarum*, une économie existentielle nous induit à feindre sous la couronne des simulacres une souveraineté humaine dont notre vie s'est trouvée spoliée.

Parmi les écoliers des années cinquante, l'esbroufe misait à l'ordinaire sur la force physique, la classe sociale, la profession du père et son aptitude à influencer les professeurs ; accessoirement sur l'intelligence, l'érudition, la culture.

Nous étions tous vêtus comme l'as de pique. L'affèterie nous paraissait ridicule et s'apparentait, selon un machisme bien établi, à un souci féminin. La fatuité se contentait des traditionnelles rodomontades, de fictions romanesques, de hâbleries hâtivement ficelées par la roublardise.

Le consumérisme a imposé un ordre de mesure à la représentation de soi, à l'art des apparences, à la mise en scène du quotidien, aux fastes dérisoires du mal de survie. Il a gradué le prix des êtres selon le prix des choses qu'ils ont le pouvoir d'acheter.

Ainsi, au rythme de la crétinisation publicitaire, le culte de la mode s'est-il érigé en critère d'excellence et d'exclusion. L'emprise du marché exerce sur l'enfance un pouvoir de subornation qui substitue au désir d'être soi cette envie de paraître, essentiellement compétitive, d'où procèdent l'agressivité, la frustration, la violence, l'instinct prédateur.

Nous sommes si assourdis de vérités redondantes et creuses que nul ne prête l'oreille au chant du désir qui résonne en lui ; son écho lui parviendra quand, lassée de n'être pas entendue, la voix se sera tue.

La pensée que l'homme projette sur lui-même porte le plus souvent la marque d'un insensé mépris de soi. La philosophie marche dans les pas de la religion qu'elle dénigre ; elle restitue la vie à la matière mais ne cesse de la prendre à rebours.

Partout règne, sous les auspices de la transcendance, une peur animale de l'animalité. Le spectre d'une survie inhumaine hante l'esprit qui gouverne et redoute le corps. Si la culture éveille l'intérêt d'une vie qui se cherche, c'est en creux.

Il faut suivre les fondrières de l'indicible pour découvrir les traces d'une poésie inachevée et les balises d'un dépassement possible.

Il subsistait dans les années soixante un marxisme résiduel qui prêtait du crédit à la critique de ses parodies, de ses falsifications, de ses imbéciles ressassements. Le léninisme ayant gâtifié Marx par osmose, nous tenions pour une activité sportive de bon aloi de faire feu des *Manuscrits de 1844* contre les Sartre et autres tenants de la bouffonnerie bolchevique. Bien que la chasse aux pitres fût un passe-temps dérisoire, elle déblayait le terrain et le préparait à accueillir une pensée assez fertile pour rendre à Marx sa vivacité.

Fourier, Nietzsche, Kafka, Groddeck, Reich, Korsch, Benjamin, Adorno, Bloch, Wittfogel, Daumal, Artaud s'épanouissaient au grand jour de nos préoccupations. Nous rétablissions avec eux une ligne de vie dont la conscience, passant par les présocratiques, La Boétie, Montaigne, Diderot, impliquait le dépassement de la philosophie et la réalisation de l'art, sur lesquels se fondait selon nous une science de la destinée qui engloberait la totalité des savoirs.

Du creuset synthétique où les situationnistes ont forgé les rudiments d'un style de vie et d'une civilisation nouvelle, il ne subsiste dans les musées de la modernité que la brillance d'une pensée inachevée, à la portée de quiconque en découvre l'usage.

Nous sommes entrés dans une époque où la pensée individuelle tente de s'incarner tandis que la pensée collective, culturelle, dominante et dominée se désincarne en devenant, non un bien libre d'occupation, mais une béance mercantile.

Pendant que la vie en quête de repères progresse tant bien que mal en claudiquant, l'univers conceptuel tourne sur lui-même à l'instar de l'argent qui se dévide et vide la planète de ses espèces vivantes. Il singe le changement et trépigne d'absurdités en oppositions factices que la rentabilité spectaculaire fait surgir et disparaître comme des pantins.

Ces pirouettes de la cupidité crétinisante, je m'étais borné à en signaler la prolifération dans le *Traité de savoir-vivre*. Depuis lors, les idéologies politiques, qui occupaient une place prestigieuse sur le devant de la scène, ont perdu leur substance au profit des techniques de rabattage. Le clientélisme a exonéré graduellement les vedettes de droite et de gauche d'une pondération d'idées reçues qui réglaient les hauts et les bas de la balance électorale. En les ravalant au statut de produits promotionnés, il accorde au contenant plus d'importance qu'au contenu.

La politique du « n'importe quoi, pourvu que cela se vende » préside à la carrière de figurants sans idées, sans charisme, incapables de soutenir le mensonge dont ils n'ont même plus la consistance.

Il ne se livre dans les arènes des studios de télévision qu'un combat virtuel de sycophantes et de thuriféraires dont l'ambition se borne à ne pas disparaître inopinément du défilé miteux auquel leur existence s'est vouée.

Ce qui, dans le spectacle du jour, est loué, célébré, magnifié attise, le lendemain, le zèle des détracteurs. Il n'est rien de misérable ou d'ignoble qui ne suscite un parti adverse où l'indignation se mue en admiration. Mais, pauvre Hegel, les antithèses pourrissent sur place! Infortuné Maier, l'œuvre au noir est une fin en soi!

Les contempteurs de l'humanisme bêlant en arrivent à réhabiliter la barbarie. Le massacre d'innocents, le meurtre d'enfants, la maltraitance des femmes, la destruction de la faune et de la flore disposent d'un lot d'accusateurs et de glorificateurs interchangeables, au nom d'une liberté qui n'est que la liberté d'entreprise. L'envers vaut l'endroit. Ainsi va la vie quand la vie est absente.

Il y a près de cinquante ans, en un temps où la violence répressive opprimait sans tuer la conscience, les situationnistes avaient montré comment les mots s'éviscèrent en travaillant pour le pouvoir. Depuis que le pouvoir se vide de ses entrailles, ce n'est plus le sens qui gouverne, c'est l'absence de sens. Comment juger en termes de raison et de déraison, de vrai et de faux, de bien et de mal, de pur et de corrompu ce qui n'a d'autre qualité que le prix aléatoire qu'en tire le marché?

L'effondrement du prétendu communisme, sous les coups de l'économie de consommation, a marqué le triomphe d'un stalinisme dont les démocraties de marché appliquent les pratiques de gestion.

Il n'est pas jusqu'au pouvoir russe, réduit à sa simple expression d'organisation mafieuse, qui n'ait exporté partout, sous l'emballage des libertés, les méthodes que des siècles de servitude et de roublardise avaient transmises aux apparatchiks de l'empire rouge sang.

Le gangstérisme légalisé par l'économie planétaire a développé un système de protection du citoyen contre lui-même, auquel l'empereur Staline devait d'avoir survécu, lui qui en incitant la nouvelle génération prétorienne à liquider l'ancienne savait qu'aucune ne franchirait les marches du temple où il officiait.

Les inexorables rouages de la machine mercantile ne propagent pas seulement un fatalisme propice aux religions moribondes; ils garantissent, par les connexions du langage médiatique, le salut de ceux qu'ils broient. La leçon n'a pas été oubliée ni de l'Église, ni de Staline, ni de leurs émules proposant les fastes du paradis au prix de l'enfer quotidien.

La sécurité est un service mercantile vendu à qui renonce à vivre pour acheter des simulacres d'existence. Le « coup de génie » du consumérisme a été de rentabiliser la peur de manquer de tout et l'insatisfaction de ne posséder jamais assez.

L'être insatisfait se jette dans les consolations de l'avoir, mais le vide n'est jamais comblé, parce que la précarité du pouvoir d'achat exacerbe les frustrations. Le consommateur est ainsi la proie d'une violence qui, le dressant contre lui-même, ne peut s'exorciser qu'à l'encontre des autres.

Jekyll presse la justice de sévir contre Hyde. Le peuple en appelle à une permanence policière dont la fonction est moins de prévenir ou de réprimer la malfaisance que de le prémunir contre une peur que la crise de l'économie accentue, celle du manque à consommer qu'entraîne le manque à gagner.

Ici, l'angoisse ne naît pas du risque de famine mais d'un faux besoin du dernier gadget à la mode. Telle est la liberté à quoi l'emprise de l'économie a réduit la démocratie. La bataille pour l'émancipation s'est changée en une lutte d'appropriation où une marque prestigieuse de godillots suscite le même réflexe de prédation qu'à l'échelle internationale la mainmise sur le pétrole, les océans et la forêt tropicale.

Dans les démocraties de marché, une stratégie erratique du pouvoir consiste à laisser la frustration et le ressentiment se débonder en conflits internes, qui épuisent l'agressivité à la base et l'empêchent de remonter aux causes et aux instigateurs du malaise.

Les émeutiers s'en prennent à leurs semblables dans des règlements de comptes de banlieues, ils ne brûlent pas les ghettos de riches. La guerre sociale a fait place à une guerre de gangs dans l'obscurité d'une jungle où la prédation seule fait la loi.

Ce ne sont pas les consommateurs aisés qui réclament une politique sécuritaire, ce sont les plus défavorisés. La classe dominante ne se donne que la peine d'appliquer ce que la classe dominée et déchirée revendique au nom de ce droit de consommer que le clientélisme politique identifie à la citoyenneté.

L'État n'a plus qu'à tirer les marrons du feu. C'est sa façon d'économiser une suprématie qui n'a cessé de s'affaiblir depuis qu'il est à la botte des trusts multinationaux et a vu s'effriter d'année en année la puissance répressive dont il disposait encore en 1968.

Pourtant, vitupérer les petits gangs affairistes de banlieue, c'est s'en prendre aux rouages plutôt qu'à la machine. Je refuse de cautionner la démocratie corrompue qui produit la violence prédatrice en propageant de force le culte de l'argent à tout prix. Je vomis cette intellectualité dont la mauvaise conscience oscille entre l'approbation et la condamnation.

J'ai toujours misé sur l'éveil d'une conscience humaine. J'écrivais dans le numéro 6 de la revue *Internationale situationniste*, paru en 1963 : « Avis aux bâtisseurs de ruines : aux urbanistes succéderont les derniers troglodytes de bidonvilles et de taudis. Ceux-là sauront construire. Les privilégiés des cités-dortoirs ne pourront que détruire. Il faut attendre beaucoup d'une telle rencontre : elle définit la révolution. »

Au sein de la violence chaotique, que l'affairisme gouvernemental entretient à la base parce qu'il en tire profit au sommet, la vie aussi frémit, s'ébroue, cherche sa voie. La récupération marchande a beau présider au pillage des supermarchés — comme elle détermine le saccage de la planète par les mafias multinationales —, une réaction viscérale anime secrètement les masses, lassées de payer en étant de moins en moins payées en retour. Vivre est un droit inaliénable. Sa liberté ne se marchande pas.

Le principe de gratuité n'est pas encore une revendication. Il le deviendra. La conscience fait son chemin, d'une gratuité des services publics, de l'éducation, de la santé, des ressources naturelles et des énergies renouvelables. La gratuité de la vie est l'arme absolue qui détruira l'exploitation de l'homme par l'homme.

Si Staline n'a recouru qu'incidemment à la technique du bouc émissaire, qui fut le bouclier d'Hitler, c'est qu'il offrait à la compétition et à l'arrivisme la conscience mystifiée d'un combat où la croissance économique était censée consacrer la victoire du prolétariat. Les camps nazis visaient à l'extermination, les camps staliniens misaient sur l'auto-destruction par le travail.

La puissance sacro-sainte du mensonge était telle que, par une manière de rétroversion, la crainte affolée d'y porter atteinte se diffusait et s'incarnait dans les comportements sociaux. La délation et les règlements de comptes bureau-cratiques protégeaient de leurs redoutables remparts les appartements secrets du Kremlin.

Mao Zedong n'agira pas autrement en suscitant la cam-pagne de révolution culturelle ; elle livra ses rivaux poten-tiels au sanglant défoulement d'une foule justicière, dévorée de ressentiment et se dévorant, à défaut de dépecer le tyran et de désarticuler son mode de gouvernement.

C'est par la force du vide que règne l'économie ponc-tionnant les ressources de la terre et des consciences. Il n'est besoin ni de sauveur suprême, ni d'idéologie, ni même de raison d'État. Le système fonctionne par l'inertie qu'il entretient.

Bien que les « libanisations » délibérément provoquées aux quatre coins du monde soient source de profits mafieux, il arrive que la machine se mette en branle sans procurer d'immenses bénéfices aux manœuvriers qui l'ont enclenchée. L'effroyable boucherie rwandaise offre, en l'occurrence, l'exemple d'une gabegie universellement préjudiciable à l'humain et dont les bénéfices, initialement escomptés par des Européens bien tranquilles, n'ont pas été à la hauteur des massacres. De même, le massacre des Juifs par les nazis marque, en regard du capitalisme d'État qui triomphe en Allemagne, un gaspillage incohérent des forces productives. Mais cette régression psychologique, ce retour à la mentalité agraire enfoncée comme un coin dans la modernité dominante n'était-il pas la conséquence d'un dynamisme fondé sur une économie de guerre totale ? Comment s'étonner qu'il traîne dans le sillage de nos démocraties corrompues une odeur et une nostalgie des charniers !

La servitude volontaire et l'automutilation existentielle sont telles que les hommes d'État et les responsables politiques, dont le degré d'unanime imbécillité a été rarement atteint dans le passé, ne craignent pas d'exhiber glorieusement leur incompétence et leurs carences mentales. Ils le font avec une cynique niaiserie, comme étonnés, voire émerveillés, du pouvoir qui leur est consenti. Il est vrai que l'état larvaire des gens qui tolèrent d'être représentés par eux les crédite à peu de frais d'un vernis d'intelligence.

L'évolution du monde a confirmé les pires appréhensions des situationnistes. À défaut d'instaurer des valeurs nouvelles, fondées sur la vie et sur la détermination d'en assurer la souveraineté, nous sommes confrontés à un vide où s'engloutissent pêle-mêle les valeurs patriarcales et le souvenir des luttes entreprises contre l'État, l'armée, la police, la religion, les idéologies.

Le travail, dont nous avons toujours prôné le refus, exerce aujourd'hui un double effet de nuisance par son absurdité et par sa raréfaction.

Ceux qui célèbrent sa vertu et font miroiter, en garantissant plus d'emplois, l'espérance d'un bonheur consommable, sont les mêmes qui ferment les usines parce que les actionnaires tirent un moindre profit du travail que de la Bourse.

Les agioteurs internationaux ont fait de l'inutilité laborieuse l'instrument de leur enrichissement. La production de matières premières, jadis prioritaire, ne résiste pas à l'attrait d'opérations spéculatives aussi fructueuses qu'aléatoires.

Les ruches industrielles ne résonnent plus que du vain bourdonnement de la peur et de la démotivation. Partout où le travail subsiste, il est en sursis. Du Moloch industriel, il ne restera bientôt plus qu'un décor, une toile de fond où les manœuvriers vont et viennent, hantés par le seul souci d'un salaire incertain. Ils savent qu'ils ne tiennent qu'à un fil et aux ciseaux d'une économie qui rentabilise sa faillite. Car le sort d'une entreprise se joue désormais sur l'échiquier de sa liquidation lucrative.

La malédiction du chômage, c'est qu'il perpétue la malédiction du travail. À peine la chaîne a-t-elle été rompue que la disparition de l'esclavage où l'homme se disqualifiait est ressentie par lui comme une déperdition de qualité.

La raréfaction d'un travail qui privilégiait la survie sur la vie ajoute au malaise la menace de manquer des plus rudimentaires moyens de subsistance. À défaut de privilégier la vie et son inventivité, les travailleurs, exclus du marché par le patronat boursicoteur, persistent à la sacrifier comme si, devenus à leur tour des actionnaires du vide, ils spéculaient sur leur propre inexistence.

Le fétichisme de l'argent achève de discréditer un travail auquel la rentabilité décroissante ôte jusqu'au sentiment d'utilité sociale, qui longtemps en justifia la nécessité. La vogue de l'enrichissement à court terme tire du mépris de l'activité salariale et de sa précarité une occupation promotionnelle plus malsaine et plus méprisable encore : l'affairisme à tous crins, l'obsession du gain, l'exercice légal et illégal de l'extorsion de fonds, la fourberie du profit, toujours louable dès l'instant qu'il est acquis.

L'arbre de la liberté n'est plus qu'un perchoir de vautours.

Alors que le désarroi, la peur, la résignation propagent un fatalisme propice aux dérives tyranniques et aux ignobles résurgences de l'intolérance religieuse et idéologique, comment faire comprendre que le chômage n'est pas, comme le travail qui nous arrache à nous-mêmes, un temps éviscéré mais un temps disponible ? Comment rétablir la conscience qu'être sans emploi est enfin ce qui permet d'employer la vie à son profit ? Qu'il y a là un espace à saisir et à libérer, qu'il s'agit d'un territoire à conquérir et à fertiliser en le dédiant au désir de créer et de se créer ?

Le spectacle où la vie est abstraite d'elle-même s'est partout imposé. Seul est vécu ce qui est vu, ce qui n'est pas vu n'a pas d'existence, c'est ce vide qui se remplit d'un vide sans cesse plus grand.

Le nihilisme s'exorcise par une course à l'anéantissement où seule la folie de l'argent fou trouve son compte. Nous en sommes, comme le pronostiquait Chavée, « à faire de terribles économies sur le néant ».

La loi monétaire de l'interchangeable assimile l'être humain à une marchandise humanisée. Les Dieux redescendent sur la terre qu'ils ont pillée à mesure que le culte de l'argent absorbe œcuméniquement les religions et les idéologies. Ils sont, à l'instar des survivants en mal d'exister, des spectres, des simulacres d'homoncules errant dans une nuit sans aube.

Le mariage du ciel et de la terre s'opère dans la dissolution du vivant. L'économie totalitaire érige un panthéon où l'argent virtuel règne sous les auspices de la cotation boursière et sur le crépuscule des hommes et des divinités fantasmatiques.

Il était prévisible qu'en s'effaçant peu à peu la conscience révolutionnaire provoque un vide dévastateur. L'énergie insurrectionnelle s'est métamorphosée en une bombe à fragmentation qui explose inopinément, sans mobiles mais non sans victimes. Elle comble à rebours les espérances d'une révolution discréditée par les impostures de l'émancipation.

J'ai appelé « berserkisme » (un hapax qui risque de le rester) ce que la veulerie journalistique dénomme terrorisme, pour mieux promotionner la protection sécuritaire vendue aux citoyens par les gangs de l'affairisme.

Le berserk est, chez les Vikings, un homme emporté par une rage meurtrière et massacrant tout ce qui passe à sa portée. Les Malais désignent ce comportement du nom d'amok, popularisé par Stefan Zweig. Le phénomène, assez populaire aux États-Unis dans les lycées et les campus universitaires, est généralement analysé comme un fâcheux dysfonctionnement dans un marché de l'armement, dont les bénéficiaires se revendiquent d'une liberté au-dessus de tout soupçon.

S'il est vrai que notre térébrante inclination à tuer et à être tué est l'héritage d'une animalité prédatrice, c'est surtout que, ne l'ayant jamais dépassée en devenant humains, nous en demeurons tributaires et prêtons les plus nobles prétextes aux plus ignobles assouvissements.

Notre histoire est un charnier de guerres légitimes, justes, saintes. Comme il est facile d'en dénoncer les mensonges, maintenant que les atrocités perpétrées sous nos yeux ne recourent même plus à l'entonnoir des justes causes pour y déverser leurs sanies.

L'arsenal des plaidoyers apologétiques est désert. La crédibilité des religions et des idéologies n'a cessé de chuter à mesure que le consumérisme les vidait de leur contenu au profit d'une forme spectaculaire, mieux adaptée aux exigences de la promotion clientéliste. La violence se revendique donc en tant que cupidité sauvage et sans voiles.

Le désespoir, qui a toujours armé le fanatisme, ne s'embarrasse plus des tambours qui jadis battaient le rappel et menaient les troupes au combat. La mort ne possède plus de quoi revêtir de lauriers et de pourpre l'enthousiasme suicidaire. Ses armées vont sans drapeau, elles tuent en ordre dispersé, leur indiscipline fait leur force.

Au moindre dérèglement existentiel, la pulsion de mort se met en branle. Un déclic et, de la Tchétchénie aux rues d'Alger, l'hystérie dévastatrice ensemence d'un sang impur les sillons de l'intranquillité quotidienne.

Comment apprendre à vivre à quelqu'un à qui l'on enseigne chaque jour à mourir?

La guerre de tous contre tous n'est pas un trait de la nature humaine mais le résultat de sa dénaturation. Si elle se révèle aujourd'hui dans sa vérité la plus rudimentaire, c'est que la pratique concurrentielle qui la génère est poussée à son paroxysme par le fétichisme de l'argent.

Un pouvoir condamné à se dévorer lui-même à l'instar

de la spéculation boursière qui l'alimente et qu'il alimente n'est plus qu'un pouvoir de détruire.

Il existe un rapport direct entre le gouffre de l'autofinancement spéculatif et l'attrait du vide dont s'alimentent l'esprit nihiliste et le ressassement des comportements fatalistes.

Le pourrissement est l'état qui confère au capitalisme l'illusion de se régénérer. Cette illusion-là, essentiellement mortifère, lui dissimule en l'occurrence la seule planche de salut qui le puisse sauver : le dynamisme des énergies naturelles et inépuisables.

Que l'urbanisme concentrationnaire soit criminogène, même la police a eu l'occasion de s'en aviser, elle qui, au départ, avait cautionné les malfrats payés par les entrepreneurs du bâtiment pour terroriser, maltraiter et chasser les habitants de logements décrétés insalubres avant de le devenir effectivement, après le passage des nervis et des casseurs stipendiés.

Déjà, dès les années soixante, le pouvoir mafieux des promoteurs immobiliers annonçait la reprise d'une offensive des trusts pour le contrôle de l'État, illusoirement stoppée par les nationalisations. La reconquête ne se signalait pas seulement par le recours aux milices privées et aux malversations contractuelles. Elle préfigurait une autre forme de pouvoir, moins grossier, plus subtil.

Le projet du préfet urbaniste Haussmann d'isoler les quartiers populaires de Paris afin de juguler les insurrections naissantes n'avait pu éviter l'embrasement de la Commune.

Ce qui empêche aujourd'hui l'étincelle révolutionnaire, toujours à fleur de peau, de propager l'insurrection sociale ne tient pas à la puissance répressive des États — dont, soit dit en passant, la tentation épisodique d'expulser les nouvelles classes réputées dangereuses, constituées par les immigrés, caricature avec les mêmes traits ridicules et odieux la tentative haussmannienne. Elle procède d'une dissolution méthodique de la conscience qui nourrissait et que nourrissait la volonté d'un bouleversement radical.

L'urbanisation des années soixante planta les premiers décors de l'ennui planétaire qui allait dévitaliser les passions au profit d'une avidité possessive du rien. Elle a inauguré en France une déconstruction du vieux monde qui dissuadait jusqu'à l'espoir d'en fonder un nouveau. L'effondrement des valeurs patriarcales, abhorrées par les ennemis de la tyrannie, a résulté d'une variation dans les cours du marché, où règne l'oppression politiquement correcte et démocratiquement frauduleuse.

La construction d'habitations à loyer modéré dans la périphérie des villes aboutit, sous couvert de philanthropie, à chasser le prolétariat des centres urbains et à le reléguer dans des ghettos conçus moins pour désarmer la violence que pour la priver d'une conscience révolutionnaire.

Les énergies s'y dissipent dans la morosité, la lutte des classes s'égare en animosités vicinales, l'omniprésence de méandres tournant sur eux-mêmes en l'absence d'un véritable centre dissuade les rencontres où les destinées s'initient.

Le ressentiment nourrit une agressivité, un état combatif en quête d'affrontements qui lui donnent un sens. À défaut d'une guerre sociale, la rivalité des gangs affairistes et l'aversion de chacun pour soi et pour tous fait des individus des bombes de désillusions et de frustrations, en attente d'une explosion fortuite.

On peut expliquer la colère aveugle mais la cautionner c'est s'interdire de changer les conditions qui la suscitent, c'est se dépouiller de sa vie pour armer ce parti de la mort dont l'œcuménisme triomphe aujourd'hui.

Quand l'État montre les dents, il n'exhibe plus qu'une mâchoire édentée. Il y aurait matière à se réjouir si, à tant d'amollissement, ne répondait une léthargie plus redoutable que les morsures. La nullité subversive que reflète le miroir de l'inconsistance généralisée prête une autorité fantasmagorique à un pouvoir qui en est dépourvu.

Une peur viscérale courbe les foules comme si elles étaient sous le feu de la troupe. La férocité répressive agit par un effet de représentation, dont aucun fusil ne soutient la réalité. Raillez, si vous voulez, le délire et l'incongruité des masses asservies, mais n'oubliez pas que, dans une société dominée par les réalités virtuelles, ce sont les images qui font la loi.

La débilité des gouvernements n'a d'autre support que la débilité croissante des foules, s'épuisant en résignation amère et en colère impuissante. Si la vieille injonction « Lâchez tout ! » n'est plus aujourd'hui qu'une incitation au reniement de soi, au relâchement des opinions et à la lâcheté des comportements, c'est que le consumérisme a fait des citoyens une clientèle de supermarché, dont la jouissance fictive s'assume à court terme et dans la crainte de n'avoir pas, à long terme, de quoi la payer. Tout est permis, rien n'est vrai, si ce n'est le prix des libertés marchandes.

Il a toujours été à la portée d'un pouvoir, dominant ou dominé, de manipuler en sa faveur les raisons de la colère qu'il suscite. Il lui suffit de laisser la vague submerger les mobiles, provoquant cette crue émotionnelle où l'intelligence ne surnage qu'à grand-peine. La foule ainsi emportée a tôt fait d'oublier quels sont ses vrais ennemis et contre quoi elle se soulevait. Elle se rabat sur un cheptel de victimes entretenues à l'effet d'assouvir ses frustrations.

Notre volonté d'émancipation tournera court et se reniera si elle n'a pas l'intelligence de venir à bout de ses ennemis sans opposer à la barbarie oppressive une barbarie similaire.

Ce qui appelle précisément sur nos sociétés les coups de l'affairisme mafieux et du fanatisme religieux, c'est le pacifisme bêlant, la lâcheté des résignés, le renoncement, le fatalisme qui crétinise.

Les peuples qui s'inclinaient hier devant le déploiement des forces militaires et policières s'agenouillent aujourd'hui de leur plein gré. Quand, dans les pays où la barbarie religieuse sévit impunément, les fatalistes se laissent égorger par une poignée de tueurs mafieux, alors le battage spectaculaire des démocraties marchandes ne manque jamais d'agiter le spectre du terrorisme afin de confiner les masses dans l'imagerie de l'effroi.

En mai 1968, briser la vitrine des magasins était un acte de protestation contre la marchandise qui envahissait et colonisait la vie quotidienne. Cinquante ans plus tard, le même geste est le fait de petits affairistes qui approvisionnent un marché parallèle où ils méditent d'accroître leurs parts.

De quel droit la bourgeoisie s'offusquerait-elle de pillages et de destructions alors qu'elle les pratique à l'échelle planétaire sous le sceau d'une légalité que les démocraties corrompues lui accordent? Les gestionnaires de la finance internationale ne sont ni mieux ni pires que les malfrats qu'ils admonestent; ils sont simplement leur modèle, leurs maîtres en quelque sorte. Nul doute que les émeutiers les plus avisés les rejoignent un jour au sein des conseils d'administration.

La révolte des ghettos de pauvres est devenue une révolte nihiliste, une révolte où l'humanité, évidée par le profit à court terme, s'exalte à se nier.

Le lumpenprolétariat a toujours été l'armée de réserve du conservatisme. On brûle les écoles, les livres, la voiture du voisin et le voisin à l'occasion, on ne touche ni aux banques, ni aux quartiers huppés, ni aux mosquées, ni aux églises, ces foyers de refoulement où s'engendrent les débondements hystériques et la chasse aux victimes propitiatoires.

Quand la rage s'empare des chiens couchants, ils dévorent ce qui passe à portée avant de se dévorer entre eux.

Nous sommes passés du vide de la métaphysique — cette machine à broyer la pensée en ferments stériles — à la métaphysique du vide, qui désormais tient lieu de pensée.

La civilisation marchande a produit, dans le sillon laborieux de l'agriculture, une culture intensive de l'esprit marquée dès l'origine par un déchirement existentiel. De la théologie à l'idéologie, en passant par l'art et la philosophie, nous avons été assénés de révélations dont la clarté épaississait les ténèbres de l'être. N'est-ce pas le morne et détestable aujourd'hui qui nous ramène avec une incontestable violence au mot par lequel les Grecs désignaient la révélation : ἀποκάλυψις, apocalypse ?

Révélation des Dieux, dont la damnation apporte le salut ; révélation de l'éden communiste, qui naîtra de l'enfer ; révélation de la vie absente, en vertu de laquelle l'intégrisme politique et religieux auréole l'être des palmes du néant.

La peur de vivre est l'aventure à la mode. De l'extrême

gauche à l'extrême droite, le front des suicidaires travaille par ses dissensions mêmes à bâtir un œcuménisme idéologique et religieux. Le vieux pavillon des pirates s'est fait signe de ralliement du Parti de la mort, qui progresse partout où la tyrannie de l'argent empêche les jardins de fleurir. Où vous situez-vous, critiques à qui, semble-t-il, l'intelligence extatique de l'inéluctable a été *révélée*?

IV. Les impostures de l'émancipation.

Le milieu ouvrier de mon enfance et de mon adolescence professait envers les intellectuels un mélange d'admiration et de mépris. La culture de masse n'avait pas encore instillé au sein du savoir le poison du langage aliénant. Des appellations infamantes telles que propagande, réclame publicitaire, préjugé, superstition, bourrage de crâne circonscrivaient à l'époque le discours mensonger qui passe aujourd'hui, sous le nom d'information ou de communication, pour une « putain de vérité », comme disent malicieusement les enfants.

L'ignorance des choses n'ôtait pas aux frustes cette connaissance des êtres qui prêtait souvent à leur spontanéité une docte pertinence. Si sommaire qu'elle fût, la conscience de classe identifiait facilement l'ennemi; elle le combattait à toute heure du jour. Le patron et ses sbires revêtaient une réalité tangible en quoi s'incarnait ce système d'exploitation qui, fonctionnant désormais en coulisses, règle les mécanismes d'un théâtre d'ombres. Si bien que chacun joue son inconsistance avec le sentiment d'une irresponsabilité partagée.

Le mot prolétaire avait gardé son sens étymologique : celui qui n'a d'autre richesse que ses enfants. Si confus qu'il soit, le sentiment que la seule vraie richesse était celle d'être — non d'avoir — incitait les parents à payer à leur fils et à leur fille des études qui, les orientant vers une « profession de tête », les dispenseraient, pensaient-ils, de l'abrutissement provoqué par la terrible fatigue des métiers manuels. Sous l'intention louable de leur garantir une vie meilleure se glissait néanmoins une illusion dont le mouvement ouvrier a pâti et qu'a concrétisée sa bureaucratisation : l'idée que l'intellectualité contribue à émanciper du travail manuel.

Mon père pressentait le danger d'une ascension sociale qui, sous couvert d'élever la conscience, vous engageait sur le tortueux parcours de l'ambition, de l'arrivisme, du pouvoir. La moindre occasion lui était bonne pour fustiger ceux qui, reniant leurs origines prolétariennes, désertaient la lutte contre le capitalisme. Cependant, il arrive que les chemins de l'évidence s'obscurcissent.

Fier de son engagement politique et de son militantisme syndical, il dédaignait les errances de la rêverie et de l'imagination. Elles lui semblaient vouées à masquer la dure réalité des combats à mener.

Sa condition ouvrière lui avait interdit d'entreprendre des études d'ingénieur dont il avait rêvé en se passionnant pour les mathématiques. Il s'indignait qu'y accèdent des imbéciles dont la famille s'était enrichie aux dépens des travailleurs. La malfaisance foncière de la bourgeoisie avait trempé sa conscience sociale non sans y introduire ce savoir-faire intellectualisé qui prêtait des armes tout à la fois à ses convictions politiques et à une volonté revancharde dont je serais l'instrument.

Grâce à la conquête d'un savoir qui lui avait été refusé, je contribuerais selon lui à extirper des masses laborieuses cette ignorance systématiquement entretenue, dont la formule « Pas d'élite, pas d'ennui! » était devenue dans le Congo des années cinquante le leitmotiv des colonisateurs belges. Insister moins sur l'arrogance et la bêtise des nantis que sur l'infamie des prolétaires renégats était sa façon de me laisser entendre qu'il prenait le risque et m'accordait sa confiance en connaissance de cause.

Les intellectuels dits progressistes mettaient leur point d'honneur à se démarquer des penseurs étatisés, des cadres dirigeants, des serviteurs du patronat. Les camarades issus de la bourgeoisie étaient ceux qui protestaient le plus éloquemment de leur fidélité au projet révolutionnaire. Ils se glorifiaient de trahir leur classe par la raison irrécusable qu'elle trahissait l'égalité naturelle des hommes. Leur amour de l'humanité ne leur paraissait que plus méritoire et damait le pion aux fils d'ouvriers, qui, eux, ne s'étaient donné que la peine de naître prolétaires.

Pourtant, en dépit du culte voué à quelques guides éclairés, les masses laborieuses tenaient les intellectuels pour de beaux parleurs, engeance capable d'exprimer le désarroi et la colère du peuple comme de l'emberlificoter pour s'arroger un pouvoir de tribun.

L'école des bistrots me persuada très vite que les brillantes et louches diatribes des orateurs de comptoir ne le cédaient en rien aux péroraisons des représentants du peuple et des vedettes de meetings ouvriers.

Les discours des uns et des autres sonnaient faux, moins par souci de duper que par incapacité de répondre à ce malaise existentiel dont Céline et Sartre tireraient un genre littéraire. Une chose était de n'être pas à même de remédier à la hâte aux affres du vécu, une autre de les dissimuler sous une rhétorique de l'émotion où la révolte perdait son sens originel et couronnait l'orateur d'une auréole prophétique.

Il ne s'agissait que de se saouler de sermons comme de bières médiocres dont la fraîcheur éphémère dissipera, croit-on, la nausée que provoque leur amertume. La tête dans les étoiles, les pieds dans la merde, ces braillards avinés, matamores d'assommoirs, vociférateurs de cénacles, de clubs et de partis, en quoi se différenciaient-ils des intellectuels, dont ils se gaussaient, beaux parleurs, manipulateurs de mots arrachés au vécu pour en masquer le dénuement ?

À la différence du « communisme », le fascisme a revendiqué sa barbarie avec une cynique honnêteté. Jamais il n'a songé à justifier sa férocité en prenant le parti des damnés de la terre, jamais il n'a invoqué l'émancipation du prolétariat pour accroître son empire. S'il s'est instauré, entre les deux mouvements, apparemment inconciliables — plus qu'une similitude de comportements — une manière de consensus, j'incline à en déceler la cause dans un égal et absolu mépris, je ne dis pas de l'homme mais de l'humain. Et cet homme désarticulé de l'humanité qui l'anime n'est que la conséquence d'une séparation de la pensée et de la vie, poussée à l'extrême.

Une partie de cartes à figures inversées s'est jouée là entre une métaphysique de l'esprit d'émancipation émanant du peuple et une *Weltanschauung* de l'énergie animale, de l'instinct prédateur.

Dans l'un et l'autre camp, le corps est spolié de sa force de vie, de cette génitalité globale qui fonde sa conscience organique, psychologique et mentale au profit de sa réduction à la machine laborieuse, sportive, génitrice, guerrière, dont l'histoire comptabilise les effets dévastateurs. Est-ce forcer le trait que de dépeindre le soi-disant communisme comme l'esprit de la machine et le fascisme comme la machine de l'esprit?

Y a-t-il plus intellectuel que Céline écrivant : « Un seul ongle de pied pourri, de n'importe quel vinasseux ahuri truand d'Aryen, vautré dans son dégueulage, vaut encore cent mille fois plus, et cent mille fois davantage et de n'importe quelle façon, à n'importe quel moment, que cent vingt-cinq mille Einstein, debout, tout dératinisants d'effarante gloire rayonnante... »?

Et plus spontanément dépouillé d'abstraction que Diderot en son propos : « Voulez-vous savoir l'histoire abrégée de presque toute notre misère ? La voici. Il existait un homme naturel, on a introduit au-dedans de cet homme un homme artificiel ; et il s'est élevé dans la caverne une guerre civile qui dure toute la vie » ?

Le premier, à l'instar de qui brigue une autorité, mise sur la bêtise grégaire pour s'ériger en parangon d'intelligence, de clairvoyance et de justice.

Le second désigne le lieu et la nature d'un combat auquel nul n'échappe : ou le vivant se pense et s'accomplit, ou il se contrefait et s'étiole. L'intellectualité, c'est l'inintelligence de soi. Le mépris et la stupidité qui gèrent le monde n'ont d'autres raisons que la raison disloquée et délocalisée.

Les révolutions culturelles commanditées par Hitler, Staline, Mao ou Pol Pot ont été le fait d'intellectuels. Comment ces matérialistes, qui se vendaient à l'esprit pour racheter la matière, auraient-ils pu s'exonérer plus efficacement de leur trahison qu'en se hâtant de dénoncer les traîtres ? Traîtres au peuple, à la « race », à la nation, à la révolution, à la foi, à l'idéal, à la pureté.

Tant de haine ne s'alimente que de la haine de soi. Il n'y a pas de tyrannies qui ne naissent d'une sensibilité écorchée vive, d'une passion meurtrie : l'amour de la vie, hors duquel l'amour n'est que foutaise.

La machine du profit fait de la planète une colonie péni- tentiaire, un camp d'extermination géré démocratiquement où bourreaux et tortionnaires sont interchangeables et travaillent à leur anéantissement programmé. Bientôt le spectre des grandes visions apocalyptiques ne hantera plus l'horizon : l'apocalypse lentement s'intériorise.

Le terrorisme n'est que l'émanation spectaculaire d'une terreur interne. Pourquoi la mort aurait-elle besoin du secours des hommes alors que les hommes n'ont plus besoin de la vie ?

Les vieilles dictatures militaires, sacerdotales et policières ont fait leur temps. Le totalitarisme économique fonctionne avec les rouages de la démocratie parlementaire. Seule la corruption est représentative. Les élections sont le libre choix de la malversation.

Nous ne nous sommes pas assez pénétrés de cette idée : séparée de la vie, la pensée tue. Ceux qui voient dans le nazisme, le stalinisme, l'islamisme et les raz-de-marée idéologiques de la barbarie une monstruosité ne font que fermer les yeux sur le monstre qui est en eux, sur le fauve fébrile en attente d'une justification plausible pour pousser la porte et bondir au-dehors. Observez-les autour de vous ces gens paisibles, soudain hargneux, envieux, revanchards, criminels en puissance réclamant plus de sécurité répressive, bureaucrates jaloux de leurs prérogatives, petits chefs aboyant leurs ordres et serviteurs sournois leur adressant un doigt d'honneur! Srebrenica, le Rwanda, c'est au bout de la rue.

Le grand boulevard des régimes autoritaires s'avère de plus en plus impraticable. La nouvelle inciterait à se réjouir, si la glaciation du calcul égoïste ne banalisait partout les chemins de la servitude volontaire.

Il règne aux quatre coins du monde une désespérance molle qui prête à la mort un attrait salutaire. La société grabataire n'a plus que ce souffle d'agonie où se murmure le souhait lancinant d'en finir au plus vite.

La vertu militante en est à célébrer quelques guerres locales au nom de l'animosité et du sentiment d'injustice qu'elles suscitent. C'est ainsi que les miasmes de l'esprit règnent sur le marigot où les corps pourrissent. Le bel engagement que de déserter au nom de l'insurrection verbale le champ de bataille où l'économie prédatrice mène une guerre totale contre le vivant!

Ils furent des millions, des années soixante à la fin du XXe siècle, à identifier aux voies royales de la liberté les sentines de Staline, de Mao, de Trotski, de Ceauşescu, de Castro. Leur ridicule aurait dû nous dispenser d'insulter ces penseurs du parisianisme qui s'encensaient des odeurs de charniers. À quoi bon recouvrir d'immondices un tas d'ordures?

Sans doute! Mais, il faut le rappeler, les situationnistes

furent les seuls à dénoncer l'infamie, les seuls à conchier dans leur totalité ces imposteurs, ces potentats, ces seigneurs de la guerre qui prenaient la défense du peuple pour le mieux opprimer. Notre erreur fut uniquement d'ignorer que dans la lucidité rayonnante scintille à l'occasion l'œil orgueilleux de Méduse, dont la réverbération change le phare en tour d'ivoire.

Souligner la veulerie et la débilité mentale des intellectuels nous a empêchés de pousser plus avant la critique ; de nous attacher davantage à ce point de disjonction de la pensée, où une idée arrachée au vivant se substitue à lui, le travestit, le vide de sa substance, le réduit à une représentation. De percevoir ce qui, en chacun de nous, menaçait de glisser de la conscience à l'idée coulée dans le moule de l'intellectualité.

Nous avons prêté à la froide analyse du monde le pouvoir de le changer et nous sommes, à bien des égards, tombés dans le piège du philosophe qui interprète le monde au lieu de le transformer.

L'intellectualité progressiste participe de la critique que la philosophie adresse à l'esprit céleste au nom de l'esprit terrestre. Elle atteint au mieux à l'esprit de radicalité mais seul le dépassement de la philosophie est l'acte radical qui réconcilie le corps et sa conscience réflexive.

Je perçois mieux aujourd'hui ce qu'il y avait d'ambigu dans mon affirmation péremptoire : « Nous n'avons pas le monopole de l'intelligence mais bien celui de son usage. »

Certes, j'évitais de me targuer de cette supériorité qu'aurait suffi à établir, par simple contraste, la pensée des vidangeurs d'élite alors en vogue. La pertinence n'en aurait pas moins exigé qu'au lieu de m'infatuer de l'importance assignée au vécu j'eusse mieux repéré en moi et autour de moi le point de dissociation, l'endroit où le corps délaissé se réfugie dans une cohérence abstraite qui accroît et dissimule son malaise, sous couvert de l'éclairer et de l'apaiser.

Nous étions les mieux armés contre les dégâts des idéologies marxistes, freudiennes et libertaires ; cependant, nous nous sommes écartés du centre de gravité, si bien que l'irradiation de la pensée exorbitée a supplanté le rayonnement du vivant.

J'avais eu l'occasion d'observer, dès l'université, les sycophantes et les fusilleurs en herbe qui, dans le carnaval des idées, arboraient le bonnet phrygien des revendications populaires.

Les intellectuels excipant de leurs origines ouvrières se distinguaient nettement des fils de bourgeois, lesquels prétendaient surpasser, en radicalité caricaturale, les fils du peuple, détenteurs de l'héritage prolétarien. Sur le marché de l'agitation militante, le contenu idéologique revêtait moins d'importance que l'emballage aux mailles rutilantes et serrées de l'intransigeance, du sectarisme, du fanatisme purificateur.

Rien de semblable n'avait cours dans le mouvement

situationniste. Nul ne se souciait que Bernstein, Debord, Kotányi fussent d'origine bourgeoise, Viénet et moi d'un milieu ouvrier, Khayati de la paysannerie. Faire de la vie quotidienne le lieu et le fondement de l'émancipation suffisait à révoquer ces privilèges de naissance que la nuit du 4 août avait abolis et que le Grand Soir rétablissait.

En revanche, si le miroir aux alouettes de l'intellectualité nous a aveuglés inopinément, c'est en raison d'un privilège hautement revendiqué, celui de penser avec plus de pertinence que nos contemporains. Nous avions aussi sur nos prédécesseurs l'avantage d'une clairvoyance que facilitaient les décantations de l'histoire. Il n'empêche, je ne puis me délaver de l'impression que la lumière projetée sur le monde spectaculaire a occulté les rôles qu'en nos théâtres intimes nous assumions.

Provocante et ludique, la mégalomanie nous a moins égarés et éloignés de l'authenticité vécue que la carapace d'arrogance dont se protègent, aux dépens de la création, les artistes en butte à la conjuration ordinaire du mépris silencieux.

Qu'offrait-elle de commun avec la morgue des potentats, des financiers, des tenants d'une autorité? Rien, si ce n'est l'insolente résolution de les éliminer, de les jeter à bas, de les renvoyer dans le néant, et non, assurément, pour leur succéder comme l'avaient fait les führer, duce et caudillo de l'émancipation que nous ne cessions de dénoncer.

Se glorifier d'éradiquer le pouvoir, c'est s'auréoler encore de son ombre nocive.

J'ai appris à aller seul, en droite ligne de la destinée que je me trace. N'ayant de comptes à rendre à personne, je n'en ai aucun à régler. Qui n'est ni gibier ni chasseur se trouve naturellement dispensé des ordinaires pratiques de la traque, de la duplicité, de l'affût.

J'ai choisi la facilité : je me moque des applaudissements et des huées parce que je me fous des jugements, des appréciations, des évaluations, des comparaisons.

Mais que nul ne se mette en travers du chemin que je m'obstine à tracer.

Certaines métaphores transforment en fondrière le sillon destiné aux semailles. Le fameux « fer de lance du prolétariat » a servi de réclame à l'une des farces les plus sinistres de l'histoire. Tant d'impostures, hélas, en cachent une autre aux yeux de qui se flatte de les démasquer.

L'expression me rebutait. Elle aurait dû m'alerter davantage. J'ai toujours veillé à ne pas me comporter en général de brigade, en gourou, en maître à penser. Ce sont des rôles que tentent de vous faire endosser les admirateurs, toujours prêts à vous élever sur le pavois pour mieux vous en jeter à bas à la première occasion. Je n'ai cessé de répéter que s'attacher à mes basques pour les encenser ou les compisser était la marque d'un mépris de soi incompatible avec le projet d'émancipation individuelle que je défendais.

Il y avait peu de mérite à dénier aux scoliastes du marxisme la prétention de parler au nom des prolétaires et « pour le peuple », comme disaient les intellectuels dévastés par l'idiotie maoïste et le virus de la manipulation.

À quoi tenait notre radicalité ? À la passion de vivre authentiquement et sans réserve, en dépit d'entraves et de contrariétés dont nous refusions le caractère inéluctable. C'est dans la luxuriance et la pauvreté du vécu que s'enracinait notre projet d'un dépassement de la philosophie, de la religion, de l'art, de la culture, de cette survie où la vie naissait aux plus belles espérances pour s'atrophier misérablement.

Le malaise de la civilisation marchande a fait apparaître, en mai 1968, une réalité que la fiction du bonheur consommable ne parvenait plus à masquer : l'exploitation à des fins lucratives du potentiel créatif des hommes, seul capable de fonder une véritable société humaine. Depuis lors, le consumérisme a propagé l'illusion délétère que la survie pouvait s'améliorer au point d'assurer un confort qui fasse oublier l'absence de vraie vie.

Mais voici que ce confort se dérobe entre les mains de millions de gens, qui se retrouvent sans humanité et sans avoir.

Les Dieux grotesques et effrayants de la spéculation boursière règnent sur des hommes dévalués dont le sacrifice ne vaut même plus un salut.

Ce nouvel obscurantisme a obturé l'intelligence avec autant d'efficacité que l'ancienne crétinisation religieuse qui — est-ce un hasard ? — se retrouve à l'étal de la modernité, avec des relents désuets de bûcher et d'encens. L'obscurantisme est l'entretien délibéré de l'obscurité dans laquelle une civilisation du profit a relégué ce que la vie a de plus attrayant : le désir de jouir et de créer.

Il ne faut avancer qu'en compagnie de ceux qui puisent la clarté dans les profondeurs du vivant.

Rendre à chacun cette puissance de vie qui permet de dépasser la survie, tel fut le projet d'émancipation conçu par les situationnistes dans la lignée de la Commune de Paris et des collectivités libertaires de 1936, que la répression polycéphale de la bourgeoisie, du fascisme et du bolchevisme avait écrasées sans les anéantir. Ce projet, je gage qu'aucune oppression n'en viendra à bout. C'est un pari que je gagne en le réitérant chaque jour.

En refusant de nous exprimer au nom de tous, nous avions conscience de parler en notre seul nom et, dans le même temps, de témoigner en faveur de qui se reconnaîtrait dans notre lutte pour la vie contre la survie. Nous ne détenions notre mandat que de nous-mêmes. Nous n'avions de comptes à rendre qu'à notre souci de cohérence.

Cependant, la notion même de cohérence péchait par abstraction. L'accord que nous souhaitions établir entre la théorie et la pratique invoquait la vie quotidienne en se référant moins à l'exubérante générosité du vécu qu'à un comportement estampillé par la vertu révolutionnaire. Il accommodait les rigueurs de l'éthique à la sauce d'une esthétique débonnaire, chargée d'en adoucir l'âcreté.

Comme l'intransigeance morale procède le plus souvent d'une occlusion caractérielle propice au puritanisme, la surenchère ne manquait pas d'aggraver la constipation. Soulager l'obturation produite par sectarisme en dépêchant le clystère du débondement hédoniste nous paraissait alors relever de la bonne médecine rabelaisienne.

La compensation charnelle, nous semblait-il, était de nature à ôter son enflure à une pensée dont la péremptoire austérité ballonnait ceux qui, incapables d'en soutenir la rigueur, n'en retenaient que la raideur formelle.

Si les prosélytes du situationnisme ont conjugué si aisément l'absence de pensée innovante et une arrogance à hauteur de leurs carences, n'est-ce pas en raison de cette dualité que nous avions négligé de dépasser, en tolérant que la fonction intellectuelle opprime la vie sous couvert de la privilégier ?

Car, de même que prendre parti pour le prolétariat au nom de l'esprit d'émancipation relève de l'imposture, c'est se fourvoyer que de vouloir affranchir le corps en opposant le manuel à l'intellectuel. L'un et l'autre ne sont-ils pas le produit d'une séparation originelle, d'une rupture de l'être, d'une gestion de l'énergie vitale qui transforme la puissance du désir en force de travail ?

Nous sommes restés fidèles à la relation dialectique que Marx établissait entre théorie et pratique. Nous aurions dû savoir qu'elle travestissait *in abstracto* la déchirure existentielle provoquée par le travail mécanisant le corps et le dédoublant.

C'est pourtant l'époque où j'écrivais, avec cette capacité qu'a la tête de comprendre sans saisir concrètement, qu'en matière d'émancipation une erreur de détail devenait aisément une vérité d'État.

Nous n'avons pas donné à la critique du travail les armes qui permettaient de l'éradiquer, celles de la création en tant que création de la vie.

L'intellectualité est un mode de gestion. Aussi est-ce dans sa logique de penser militairement. Raisonner en termes de théorie et de pratique ouvrait un champ de manœuvres où tactique et stratégie guidaient les préoccupations. Comment le combat contre l'aliénation peut-il s'engager dans un esprit militaire sans se renier ? N'est-ce pas ainsi que les meilleures intentions ont fait de la dictature du prolétariat un goulag ? Ne voit-on pas, avec moins de douleurs et autant d'absurdité, la subversion politique se muer en clientélisme ?

Il subsistait dans les groupes révolutionnaires, ou prétendus tels, des années soixante une fascination sournoise du militarisme. Éprouver une légitime aversion à l'endroit de l'armée n'empêchait pas d'en adopter les usages et le système disciplinaire, sous prétexte, bien entendu, de combattre l'ennemi avec ses propres armes. Le treillis des gauchistes mariait alors le ridicule à l'immonde avec une arrogance de couturier en vogue.

Nous avons critiqué à bon escient les guérillas du tiers-monde, où les colonisés opposaient au nationalisme colonisateur une surenchère nationaliste, évinçant l'insurrection sociale au profit d'un affairisme dont s'engraisserait la décolonisation. La lucidité ne nous dispensa pas de traîner dans nos fourniments les œuvres de Clausewitz et de Sun Tse, recommandables pour l'esprit, non pour la santé.

La caution de Blanqui et de Durruti nous confortait dans l'idée que la conscience révolutionnaire demeurait inopérante si elle se privait de ces « instructions pour une prise d'armes » auxquelles leur aspiration sincère à la liberté individuelle et à la solidarité sociale accordait du crédit.

J'étais persuadé qu'il suffisait à un petit nombre d'hommes lucides et résolus d'associer les armes de la critique et la critique des armes pour renverser un ordre que seules soutenaient la résignation pusillanime et l'inertie souffreteuse. Le point de vue m'était d'autant plus familier que j'estimais, avec une sereine modestie, faire partie de ces créatures d'exception.

Révoquer ma contestable béatitude m'aurait sans doute permis — mais avec quelle perspicacité issue du futur ? — de débusquer les pièges qui se multipliaient sous nos pas.

Avec quelle complaisance j'ai, à l'époque, gagé ma destinée sur l'espérance funèbre d'une mort glorieuse ! L'ironie
voulait qu'inversant la formule de Saint-Just je me creusais
préventivement un tombeau afin de me préserver d'une
révolution faite à moitié.

Ce n'était pas là parachever l'œuvre de Blanqui et de
Durruti, c'était rendre un hommage contemplatif au premier, « enterré vif », selon l'expression de Gustave Geffroy,
et au second, auréolé par une défaite qu'il était, avec les
collectivités libertaires, le seul à n'avoir pas commanditée.

J'avais, pour ma part, accompli diligemment mon service militaire afin de m'initier au maniement des armes. Les
officiers instructeurs appréciaient mon zèle sans soupçonner ses mobiles, puisés dans *L'Internationale* :

> *S'ils s'obstinent ces cannibales*
> *À faire de nous des héros*
> *Ils sauront bientôt que nos balles*
> *Sont pour nos propres généraux.*

Si j'avais pu, par la suite, leur imputer une intelligence
— à l'évidence assez improbable — je les aurais crédités
d'une réponse pertinente : « Eh bien, jeune homme, allez
donc ! Tuez vos maîtres ! Vous en choisirez d'autres qui les
remplaceront avantageusement. »

Imaginez un colonel déclarer en front de troupe : « La
critique des armes tient son autorité de la mort. En vous

servant des armes, c'est la mort que vous servez. Vous irez à elle et elle viendra en vous. Votre choix n'est pas la révolution ou la mort, c'est la révolution et la mort. »

Que l'on me comprenne bien. J'exècre le pacifisme bêlant de ceux qui se laissent égorger, mais menacer les égorgeurs d'un sort semblable participe de la même logique fataliste. Il est temps de révoquer le vieux réflexe prédateur qui ne conçoit d'alternative qu'entre écraser ou être écrasé. Nous n'avons pas assez nourri, cultivé, conforté la puissance du vivant et la détermination d'une humanité qui aspire à devenir souveraine.

La vie est la seule arme absolue, celle qui engendre la vie et empêche de la détruire.

Jamais l'écart ne s'est autant creusé entre l'intellectualité et l'intelligence sensible. Bien que le dernier des abrutis alcooliques et le philosophe médaillé des comices culturels ne s'expriment pas avec la même élégance rhétorique, une démarche commune démontre leur solidarité fondamentale : ils vacillent tous les deux sur l'échelle branlante des existences déficitaires et ils jurent leurs grands Dieux qu'ils y sont à l'aise.

La nébulosité du temps les conforte et les aide à évacuer ce qui subsiste en eux de vivant. Ils se souillent et n'ont souci que de masquer leur incontinence. Ainsi se bâtissent à l'ordinaire les petites et les grandes renommées spectaculaires.

L'intellectualité a été, dans le mouvement situationniste, un écueil dont nul n'a pris soin de se garder. La séparation instaurée entre la pensée radicale et la vitalité du corps qui la nourrit est la faille où les meilleures intentions s'abîment. Le radicalisme est l'imposture de la radicalité.

Le spectacle de la vie à l'envers a fait de sa contestation le moteur d'un renouvellement, indispensable aux intérêts du marché. L'authenticité s'y renie en s'exhibant. Cette vie meilleure qu'exalte l'humanisme est l'emballage d'un produit frelaté qu'il faut se contenter d'admirer de l'extérieur, en se gardant de l'ouvrir.

S'en remettre à l'intellect, c'est s'abandonner au sombre et farouche attrait du pouvoir, quelque répugnance que l'on professe à son égard. La division du travail est inhérente à l'exploitation de l'homme par l'homme. Même si le contrôle exercé sur la main-d'œuvre est l'apanage des classes dirigeantes, la faculté d'abstraction instille en tout homme le principe selon lequel le privilège de l'esprit est d'assujettir conjointement le corps et les masses laborieuses.

La part d'humanité et d'inhumanité imbriquée dans la capacité d'abstraire imprime à ce qui pense et se pense une trémulation existentielle, un spasme d'effroi dont se souvient l'adage : *Quos Jupiter vult perdere, insanat*. Les Dieux frappent de folie l'homme qui par la connaissance les égale et les rend superflus.

La véritable scission entre le corps au travail et le corps où s'incarne l'énergie vitale résulte d'un coup de force dont l'individu et la société ont subi historiquement le préjudice. L'esprit économique s'est approprié la terre et la conscience, appelée à humaniser l'homme en lui frayant les chemins de la création.

La conscience, issue d'une vie somatique où s'enchevêtrent minéral, végétal, animal et humain, tient de la créativité le pouvoir d'en affiner les éléments et d'en régler l'harmonie. L'exploitation de l'homme et de la nature forge un esprit universel de domination qui refoule l'animalité et transcende l'instinct prédateur au lieu de favoriser son dépassement. Loin de faciliter le développement de la vie, la capacité d'abstraction se mue en un pouvoir qui lui ôte sa substance pour la transformer en force de travail, en affrontements concurrentiels, en appropriation sauvage.

Le parti pris de l'anti-intellectualisme — cette glorification de la brute et du barbare, inhérente aux sociétés militarisées — est l'émanation même de l'intellectualité réhabilitant le corps comme s'il s'émancipait du joug de l'esprit en revendiquant son statut physique de machine mue par impulsion animale.

La hiérarchie inversée, qui fait primer le viscéral sur le mental, s'inscrit dans le dualisme qui, des premières divagations religieuses à la pensée informatisée, caractérise la pérennité métaphysique de la culture en civilisation marchande.

N'ai-je pas moi-même donné des gages à cette exaltation de la vitalité animale et prédatrice dont la luxuriance incontrôlée invoque pour s'émonder le secours de la grande faucheuse ? Comment expliquer, sinon, ce culte des malfaisants, sous le prétexte d'une contre-culture où les en-dehors, les réprouvés, les maudits de la société se haussaient au sommet pour faire la nique aux bien-pensants ?

Mon choix ne faisait alors que raviver le réflexe sacrificiel en arguant de cette raison où s'exprime toute la déraison du monde : plutôt la mort qu'une existence sans joie !

Notre époque a fait de la grisaille une lumière. Après avoir si longtemps alimenté le marché des religions et des idéologies, le malaise inhérent à la civilisation marchande se révèle aujourd'hui à nu, dépouillé de prétextes et de faux-fuyants. Il est — il l'avoue, il le clame — la cause de cette propension meurtrière qui au moindre choc psychologique fait de n'importe quel homme un tueur, un adepte de ce fourre-tout nihiliste, où le terrorisme lui-même n'a plus de sens et ne reconnaît pas ses enfants.

Dénoncer les nuisibles ? Mais de quel droit si nous ne récusons pas dans la foulée les prédateurs de tous bords ? La volonté d'émancipation est incompatible avec la volonté de l'imposer.

Qui n'a observé, chez les gouvernants, cette façon de se pousser en avant, de jouer des coudes, d'imposer silence, de pointer l'index vers le plafond où l'autorité céleste tient son glaive en suspens? Ces singeries de l'ambition et de l'arrivisme qu'enseignent dès l'enfance l'affairisme et le clientélisme, qui ne les a vues à l'œuvre dans les groupes libertaires, dans les milieux qui se revendiquent de l'anarchie? Combien de corrompus parmi les sycophantes de la corruption dominante?

Dans un pamphlet pourfendant les carriéristes du surréalisme, Benjamin Péret prophétisait que les situationnistes s'affaireraient, eux aussi, à grappiller une situation dans le monde. Il s'est trompé sur les personnes. Aucun d'entre nous n'a fait ni carrière ni fortune, loin s'en faut. En revanche le situationnisme offre, dans la misère du spectacle, un débouché à ceux qui allument une bougie aux incandescences du passé pour éclairer les carences de pensée, sans y remédier. C'est ce qu'on appelle élever une statue pour profiter de son ombre.

La secrète animosité n'a pas toujours présidé aux exclusions et au cérémonial par lequel le groupe préservait sa pureté. Certaines se justifiaient. Comment tolérer que des artistes étalent leurs œuvres sur le marché en usant d'une étiquette — au demeurant ni pire ni meilleure qu'une autre — si ce n'est l'idée, qu'elle invoquait, d'une situation qui rendît impossible tout retour au monde de la marchandise? Ainsi en allait-il des compromissions politiques.

Cependant, le manque de conscience dont nous voulions nous garder était aussi la menace qui nous guettait. C'est pourquoi, comme y incitait une longue tradition, le jeu de vie s'est tourné en jeu de mort.

Suspecter un ennemi intérieur a toujours profité à l'ennemi du dehors. Il s'est développé dans le groupe, en butte à la conjuration du silence et de la récupération, une manière de maladie obsidionale, une hantise de la trahison.

Peut-être la mise en cause de notre intellectualité eût-elle évité de crier haro sur l'indispensable ennemi intérieur. N'y avoir pas songé plus que les autres m'a induit à entériner des pratiques pour le moins douteuses où un camarade dont l'opinion avait déplu tombait peu après sous l'accusation de « manquement à la cohérence révolutionnaire ».

Un libraire bruxellois dont, étudiant, je fréquentais assidûment la boutique, rue Duquesnoy, m'avait dit un jour, en évoquant son expérience amère des Brigades internationales en Espagne : « Comment veux-tu faire une société nouvelle avec des gens qui sont restés dans le passé ? » À quoi j'avais répondu qu'il appartenait précisément à la révolution de façonner l'homme nouveau en le dépouillant de ses comportements archaïques. Je le vois encore hausser les épaules en murmurant : « Pas sûr ! Le pouvoir pourrit tout, et jusqu'à présent tout le monde veut le pouvoir... »

L'intelligence du prince s'abâtardit en roublardise. La balance du pouvoir préfère le plomb aux paillettes d'or de la pensée affinée.

Rien n'est plus incompatible avec la générosité humaine que le jugement péremptoire et la décision sans appel, qui fascinent tant les contestataires et les tenants de la subversion spectaculaire.

La plupart des mots ânonnés, psalmodiés, agencés selon une mise en scène appelée information ou communication travaillent pour un pouvoir éviscéré qui éviscère. Ils sont le verbe incarné dans le spectacle où la vie se décharne.

J'ai toujours tenu l'esprit pour une volonté de puissance séparée du corps, s'efforçant de le dompter et de le vampiriser. La rébellion au nom du corps participe de la prédation. Rien de plus intellectuel que l'idéologie de l'animalité investie d'une vocation anti-intellectuelle.

Le triomphe de l'esprit culmine avec l'esprit de vacuité. À mesure que l'agiotage révoque l'utilité sociale du travail, le monde se creuse comme une tombe à laquelle pourvoira la plénitude du vide qui le gouverne. Quoi de plus propice aux fêtes funèbres de l'ensevelissement!

Chez les penseurs salariés auxquels nous accordions l'honneur de notre mépris subsistaient les bribes d'une philosophie que nous leur reprochions d'exhiber dans le bocal des vanités, au lieu d'en tenter le dépassement.

Aujourd'hui, nos crachats tomberaient dans un désert mental où quelque nullité trouverait à s'en abreuver. Le glaviot qu'hier les insultés essuyaient comme si de rien n'était, ils s'en font à présent une médaille.

Mâchés et remâchés, les mots ne sont plus, dans la gueule du spectacle, qu'un remugle de carie et de digestion fétide. C'en est fini des affrontements entre conservatisme et insurrection, entre imbécillité et intelligence. Seule la pourriture nourrit prestige et prix. Entre les protagonistes, c'est à qui fera montre du délabrement le plus avancé.

Or sous les mots, aussi vides que l'affairement qui les produit, il en existe d'autres, dont le sens coule d'une source secrète ; des mots de vie qui ne se laissent ni pêcher ni transvaser dans les viviers de la corruption.

Ceux qui les captent d'une oreille intime et avertie en saisissent la portée, ils apprennent à les redire jusqu'à ce que le cœur en propage les résonances et échos. Ils forment la musique passionnelle où se déchiffre une harmonie à parfaire.

Dès les années soixante, le consumérisme et la bureaucratisation du mouvement ouvrier effacèrent peu à peu la conscience de classe lentement forgée au feu d'une lutte où nombre de victoires étaient des défaites et certaines défaites des victoires différées.

La liberté de consommer n'importe quoi à des prix que la propagande clientéliste décrétait « démocratiques » emprisonna la volonté d'émancipation dans les mailles d'un filet dérisoire, celui d'un hédonisme à court terme parfaitement adapté au profit à brève échéance qu'exige la dernière mouture du capitalisme.

La fausse jouissance se justifie par le principe « après nous le déluge ! », elle tire de l'argent de la vie qui se défait. C'est une façon rentable de célébrer les derniers jours d'une planète vouée à la disparition de la flore, de la faune et de l'espèce humaine.

Les guerres de conquête sont devenues des guerres de pillage, des raids affairistes, des affrontements de gangs planétaires. Les razzias sur le pétrole, l'eau, les ressources naturelles s'apparentent davantage aux intrusions des Vikings qu'aux grandes invasions, aux conquêtes nationales, aux conflits d'appropriation.

La politique, qui fut longtemps la continuation du conflit économique sous une autre forme, est tombée en désuétude. La guerre endémique dont l'économie accable la planète et ses habitants se suffit à elle-même. Le clientélisme de ceux qui sont menés par elle plus qu'ils ne la mènent se passe d'idéologie. Le racolage n'a pas besoin d'idées, le coup de sifflet du rabatteur suffit aux chiens. Ce qui opère le plus efficacement, c'est l'absence de pensée.

La servitude volontaire a trouvé dans le spectacle du salut par la marchandise la sanctification de la vie sacrifiée à l'économie.

Les situationnistes ne se sont pas trompés en conspuant ce que l'affèterie intellectuelle à la mode appelait le gauchisme. Leur erreur a été de le condamner au lieu de s'en prendre aux causes, au mépris délibéré de la vie sur quoi se fondaient les « causes du peuple ».

Personne n'a formulé la seule critique pertinente à nous adresser : notre manque d'obstination à mener plus avant nos idées. Si nous avions conforté sans cesse la vitalité de notre pensée, elle ne traînerait pas à l'état de débris parmi les immondices dont l'intelligentsia se nourrit.

Le reproche n'est le plus souvent qu'un aveu de culpabilité. Je tenais en juste mépris le slogan crétino-guévariste : « Le pouvoir est au bout du fusil », surtout commode pour fusiller l'innocent qui s'étonne qu'un pouvoir puisse être révolutionnaire. Pourtant, raisonnant dans le même temps en termes de tactique et de stratégie, je me prenais au piège d'une révolution conçue militairement.

Le romantisme des barricades ne laisse que trop aisément retentir le clairon de Déroulède. Mais, comme aurait pu le noter Alphonse Allais, le symbolisme rend sourd.

Que d'intelligence et d'énergie gaspillées à railler les matamores à l'affût d'une guérilla urbaine susceptible de leur reconnaître une autorité que leurs magouilles de cénacles leur accordaient mesquinement! Affronter l'ennemi sur son terrain, c'est se vouer à l'échec, un échec plus terrible encore quand un simulacre de réussite le camoufle.

Se situer au-delà du bien et du mal, c'est commencer par déserter les champs de bataille où les camps adverses sont solidaires, où une même chaîne entrave les ennemis qui s'entretuent. Voilà ce que nous n'avons pas assez considéré.

Nous savions pourtant que, selon la dualité manichéenne imposée aux comportements et aux modes de pensée, l'esprit du mal et l'esprit du bien s'épaulent et se régénèrent mutuellement.

Le projet de conquérir le vieux monde a toujours fait obédience à l'archaïsme militaire. C'est moins l'effet d'un paradoxe que d'un usage qui prescrit de restaurer l'ordre ancien au nom d'un ordre nouveau.

Les dernières armées du gauchisme n'ont guère tardé à révéler leur véritable caractère. Sous la casquette étoilée du marxisme-léninisme, les groupes insurrectionnels ne se distinguent plus de ces mafias affairistes qui, dans la hâte d'un ultime profit, pillent les dernières ressources de la terre.

S'emparer du monde pour le détruire afin de le reconstruire! La belle affaire sous label marxiste est devenue la bonne affaire du capitalisme. À l'éradication lucrative du vivant répond un projet d'émancipation en creux dont la violence prédatrice fait un remède pire que le mal. Le nihilisme contestataire n'est plus que la reptation fébrile du révolté devant ce qui l'écrase.

Nous avons condamné le terrorisme, mais pour une mauvaise raison : en tant qu'aberration stratégique et non en tant qu'aberration inhumaine.

Épigones d'un stalinisme dont la dictature exercée sur le prolétariat était devenue manifeste aux yeux de tous, les Fractions armées, les Brigades rouges, les organisations de type Action directe et autres Sentines lumineuses s'en remettaient à l'assassinat désinvolte du soin de galvaniser un mouvement ouvrier, laminé par l'énormité mensongère du communisme, et que la vogue du consumérisme politique achevait d'enfoncer dans un fatalisme somnolent.

Substituer le terrorisme social à la révolution en liquidant patrons et crapules politiques, si odieux soient-ils, c'était s'en prendre aux mouches au lieu d'évacuer la merde qui les attire. La débilité mentale qui consiste à abattre un homme à la place du système n'a fait qu'implanter dans la tête d'un prolétariat, qui aspirait encore à refaire le monde, les électrodes du désespoir et de la vanité suicidaire. L'abattement, la démoralisation, la révolte atrabilaire et le sentiment de lutter sous le joug de l'échec inéluctable ont toujours servi fidèlement les gestionnaires de l'espérance mercantile.

Le gauchisme a contribué ainsi au travail d'éradication de la conscience sociale. Il a couronné de ses oripeaux ridicules et sanguinolents cette Cause du peuple qui servait de caution à son aliénation militante et de déversoir à ses éructations mortifères.

Non seulement il étouffait sous ses proclamations charognardes le cri d'alarme de Sébastien Castellion : « Tuer un homme, ce n'est pas défendre une idée, c'est tuer un homme », il préfigurait la cynique cruauté de notre époque où l'argent tue à bout portant, sans qu'il soit besoin de justification religieuse ou idéologique à l'indifférence meurtrière.

Avec les martyrs de la Cause du peuple, qui en annonçaient d'autres, pires encore, le projet de conférer la priorité à la destruction du vieux monde a révélé ouvertement son caractère réactionnaire.

Repousser au lendemain du Grand Soir la construction d'une société radicalement nouvelle a été le mythe fossoyeur de la révolution. Ce qui l'a précipitée dans les charniers qu'elle avait inaugurés, c'est l'immense pressentiment d'une mort programmée, c'est un sentiment de rage, une volonté frénétique d'en finir avec soi et avec le monde.

Désormais, les héritiers, reconnus ou non, des Baader et consorts n'excipent même plus de leur prétention d'abattre un système en tuant l'un ou l'autre de ses représentants ; ils massacrent moins au nom d'une religion, d'une ethnie, d'un parti et du profit qu'en vertu de la mort. Car rien aujourd'hui ne se trouve plus en conformité avec le culte du cadavre saisissant le vif que le culte de l'argent qui se dévore et dévore l'être humain.

L'attrait des plaisirs et la primauté accordée aux passions nous gardaient de l'ascétisme et de l'esprit militant. Le proclamer haut et fort n'en a pas moins occulté cette séparation dont nous ne nous sommes pas assez avisés. Elle a eu raison et de la cohésion du mouvement situationniste et de la cohérence de ses idées. Entre la tête pensante et le corps abandonné aux voluptés se ravivait le vieux déchirement qui écartèle l'existence : l'esprit qui gouverne et la matière pulsionnelle rechignant à se laisser assujettir.

Sous l'incitation à jouir sans entraves, les chaînes du passé ne cessaient de cliqueter. En confiant la liberté des désirs à l'esprit d'une révolution qui, d'un coup de balai, la nettoierait de ses tares, nous ne faisions qu'appliquer à l'histoire l'aberration de l'au-delà céleste.

L'aliénation qui pesait sur nous, nous avons entrepris de la dépecer avec le scalpel de la lucidité afin d'en alléger le poids. Et dans le même temps, nous ne cessions de la nourrir en nous abandonnant à cette fonction intellectuelle, qui désosse et désincarne.

Tant que le projet d'émancipation ne sera pas ancré dans la volonté de vivre, tant qu'il ne participera pas de l'affinement des désirs, nous appareillerons pour la mer des dérélictions en croyant nous guider sur la carte du Tendre.

Écrivant : « Le nouveau monde sera amoureux ou ne sera pas », la pensée m'est venue aussitôt, non de ce qu'en eussent fait les surréalistes et autres esthètes, mais du sort que le milieu intellectuel réserve à de telles formules. Les têtes imbues d'elles-mêmes sont si accoutumées à tourner une idée en bon mot qu'elles en ôtent l'usage en toute inconscience. Le spectacle est un cimetière de bonnes intentions étripées et momifiées.

Il me faut donc préciser : je parle en amant, j'écris pour les amoureux de la femme et de la vie, non pour les penseurs, à quelque étage qu'ils se logent dans les immeubles de l'abstraction.

Une des railleries les plus ordinairement adressées aux situationnistes visait cette manie du complot et de l'exclusion à laquelle Fourier avait su reconnaître, en sa société d'harmonie, une passion mécanisante, la cabaliste. Admirer Fourier nous a, hélas, dispensés de l'étudier à notre profit. Qui veille attentivement à ce que les jeux de vie ne virent en jeux de mort ?

Au départ, aucun d'entre nous n'aurait accepté de se commettre avec un ambitieux, avec quiconque brûlait d'exercer une autorité, d'accéder à un poste honorifique, de se livrer à des manœuvres d'appropriation.

Mon éducation dans un milieu où le socialisme n'était pas encore dépouillé de sa conscience ouvrière me prédisposait à ne pas fréquenter n'importe qui. Nulle obligation ni contrat n'altérait la sincérité de mes relations, je m'abandonnais à des amitiés sans détour. Je faisais miennes les paroles de Charles d'Avray : « Ne nous groupons que par affinité. » Mais quelles affinités ?

J'étais arrivé dans l'Internationale situationniste comme un chien fou, libéré de son chenil de province, s'émerveillant et s'effarant d'un rien. Un soir, rue Saint-Jacques, au bistrot du Port-Salut, Debord me dit : « Il faut que tu apprennes à mieux connaître les hommes, à savoir rapidement à qui tu as affaire. On ne peut pas se tromper sur les personnes. »

La survie dans la jungle des villes enseigne vite l'utilité vitale d'un jugement rapide. L'idée que toute rencontre est de prime abord hostile revêtait en l'occurrence un sens plus profond. Nous étions une poignée de guérilleros confrontés aux armées de la toute-puissance oppressive. Une lucidité sans faille constituait la seule arme de notre défi insensé.

Plus tard, en lisant *Vie et Destin*, de Vassili Grossman — ce livre qui avec *Sans patrie ni frontières* de Jan Valtin et l'œuvre de Kafka éclaire de sa lumière noire la brutale condensation, au XXe siècle, d'une inhumanité diluée dans l'histoire — je rencontrai le passage : « Les hommes décident de tout, étudier les hommes sans relâche, c'est ce que nous a appris Staline, commenta Néoudobnov. Je me dis tout le temps, ajouta-t-il brusquement, qu'il doit y avoir un agent allemand dans le village ; c'est lui, le salaud, qui a donné la position de notre état-major. »

Quand j'ai résolu de déserter les tranchées intellectuelles

et leur illusoire solidarité, j'ai désappris à estimer l'homme à la façon d'un objet qui manipule et est manipulé. Je ne le jauge ni le juge. Je perçois assez nettement, au premier contact, le sens humain qui me rapproche d'un individu ou l'inhumanité qui m'en éloigne. Il me suffit d'un effluve pour l'accueillir ou le fuir. Tel est désormais le fondement de mes affinités.

Je me pique de ne rencontrer aujourd'hui que des gens chez qui l'humanité prime les idées, des individus qui, parfois enclins à une bêtise, sont incapables d'un manque de générosité, d'un manquement à la vie. Mon expérience d'un groupe en péril, en proie à la négativité dont il combat les effets, a fait de moi un partisan inconditionnel de l'autonomie individuelle et créative.

Le principe d'une « table ronde » offrait à chaque situationniste une manière ludique d'affirmer l'égalité de tous, d'éradiquer velléités de pouvoir et dérives autoritaires. L'inconvénient de la notion de principe, c'est qu'elle répond davantage à un choix éthique qu'à une sollicitation du vivant.

Il apparut très vite que, à l'instar des animaux de la *Ferme* d'Orwell, certains étaient plus égaux que d'autres.

Au début des années soixante régnait une atmosphère où l'humour, le jeu et la fraternité prêtaient de la légèreté à la virevolte des idées. Une manière de danserie, accordée à la musique baroque dont nous nous délections, donnait à nos rencontres un air de fête. Les discussions n'allaient jamais sans chansons entonnées et reprises en chœur. Mac Orlan, Jacques Douai, Marc Ogeret, Boby Lapointe, Gribouille, Cérat, les Frères Jacques, Germaine Montéro, Offenbach nous furent compagnes et compagnons fidèles. Qui dira à quel point ils évitèrent à la vigueur de notre pensée cette rigidité caractérielle qui finirait par nous faire boiter?

Notre refus intransigeant du vieux monde s'alliait à une élégance spontanée qui établissait entre nous une relation où se mêlaient sans se confondre le plaisir de la rencontre et les astreintes de la complicité. La plaisanterie émoussait le reproche, l'ironie et le rire ôtaient au jugement sans complaisance son pesant de culpabilité.

Cependant nous ne remettions en cause ni le blâme lourd de menace, ni l'accusation et ses exigences comptables. Nous nous contentions d'alléger le plat et de le rendre plus digeste.

Les premières exclusions ne manquaient pas de pertinence. Nous n'avions à accepter ni l'opportunisme artistique, ni l'imposture politique, ni cette dérive mystique de Kotányi, qui ne faisait en somme que caricaturer notre dérive intellectuelle.

La vieille taupe du négatif se mit à saper notre propre terrain lorsque nos humeurs et nos susceptibilités alimentèrent la suspicion. L'anathème frappa, comme chez les surréalistes et au sein des cénacles artistiques, ceux dont la passivité, l'intervention intempestive, le comportement ou les propos inconsidérés avaient eu l'heur de nous déplaire.

Il serait outrancier d'affirmer que nous glissions du « Je ne fréquente pas ces gens-là » à « Voici l'ennemi, tu as le devoir de l'abattre! » Cependant, le couperet l'emportait sur le coutelas, qui affine une pièce de bœuf en lui ôtant graisse et nerfs.

L'autodéfense ne va pas sans paranoïa. Nous n'avons tué personne, mais je ne jurerais pas que nos formules assassines, voire nos menaces de voies de fait n'en aient blessé certains, qui ne méritaient ni tant d'honneurs, ni tant de préjudices. À quel moment le jeu de vie devient-il jeu de mort? Ce n'est pas la dernière fois que je poserai la question.

Il est faux d'affirmer que la révolution dévore ses enfants. Dès qu'à la table des convives, un ogre découvre ses canines sans que ses commensaux songent à s'en offusquer, c'est que l'heure de la contre-révolution a sonné.

Nos sympathies jacobines nous voilaient complaisamment les sanglantes conséquences de la purification éthique, à laquelle nous donnions mission de sanctionner les manquements à la vertu révolutionnaire.

Comment s'étonner que ceux qui croupissent dans la mare du situationnisme continuent d'exalter cette intellectualité qui a constitué notre pire erreur?

La prédation spirituelle, à laquelle nous avons succombé, alors que la critique de la vie quotidienne nous désignait la voie du dépassement, constitue précisément le point focal, le pôle de fascination du situationnisme en ses mondaines exhibitions. Tant il est vrai que sur le marché des idées molles, la moindre raideur formelle produit de la plus-value.

Depuis la disparition de l'Internationale situationniste, il ne s'est pas trouvé une seule pensée capable d'outrepasser un mouvement qui a prodigué en une décennie plus de radicales nouveautés que tous les siècles repeignant de neuf les préjugés anciens.

Les ruminants d'idées fortes n'en finissent pas de les remâcher comme du foin.

Nous ne manquions pas d'ennemis. Nous en inventâmes néanmoins de nouveaux, que le mécanisme de l'exclusion identifiait à des déviationnistes, complices d'une conjuration qui méditait de nous anéantir.

Ainsi, la recherche d'une solidarité fondée sur la résolution de vivre humainement s'inversait en une réaction inquisitoriale. Dénoncer les affidés d'un vaste complot planétaire s'accordait assez au désespoir suicidaire qui nous hantait et nous emplissait d'orgueil; car nous n'étions qu'une poignée et nous avions, au prix de notre anéantissement, juré d'anéantir le monde qui nous détruisait.

Dans une foule en colère, les ressentiments accumulés par le mal-être individuel se collectent et se déversent en un flot de haine qui n'attend qu'un prétexte pour s'assouvir. On sait, depuis Hitler, avec quelle aisance la vision nauséeuse la plus irrationnelle engendre une formidable rationalité, une froide logique de dévastation.

Les machineries nazies et staliniennes ont lubrifié leurs rouages avec les sanies de blessures existentielles, que nul ne se souciait de traiter. Wilhelm Reich l'a magistralement démontré, sans que les adeptes de la liberté en aient tiré jusqu'à présent la moindre leçon pratique.

En proie aux souffrances d'une rage impuissante, quel être arraché à ses rêves d'émancipation ne répondrait à l'appel du berserk massacrant ce qui passe à portée de machette ou de kalachnikov. Ainsi ce qui se nomme « le bon sens » en vient-il à travailler au profit de la vie qui se nie. Les chômeurs, les désespérés, les paumés, les frustrés dont le nombre s'accroît dans le sillage des entreprises multinationales forment déjà l'armée de réserve où elles puiseront leurs mercenaires et leurs tueurs paramilitaires.

Faire le vide autour de soi pour combler le vide qui croît en soi n'atteint à la dévastation nazie ou stalinienne qu'en raison des séismes psychologiques et sociaux qui ravinent le cours de l'histoire. Cependant, le syndrome rwandais couve partout. L'haleine glacée de la mort s'exhale d'un souffle de vie que l'on étouffe.

Sitôt que se grippe en nous ce mouvement d'expansion, cette pulsion sensuelle à l'affût de ce qui conforte l'humain, nous offrons à l'ennemi les armes que nous souhaitions lui ôter.

Accordés sur le diagnostic du mal, Debord et moi divergions sur les remèdes. Le Mouvement des occupations avait corroboré nos analyses en révélant le malaise existentiel et social inhérent à la civilisation marchande. Il était non moins évident qu'à peine de verser dans la déréliction et de nous y complaire, nous étions tenus de mener plus avant la conscience d'un bouleversement radical.

Là encore, un consensus existait. Nous nous revendiquions de la pratique des conseils ouvriers et des collectivités espagnoles des années 1936-1938. Mais sur quelle base fonder le renouveau de l'expérience conseilliste? La radicalité éthique ou la lente émergence d'une vie en quête d'émancipation? Sur ce point, la rupture était inévitable.

Les charognards de la mise en scène culturelle en ont tiré avantage : véhiculer des idées qu'ils n'appréhendaient qu'à l'état de cadavres suffisait à leur gloire et les dispensait d'explorer de nouvelles formes de luttes.

À quel moment la lucidité rigoureuse et le refus des compromissions s'inversent-ils en fanatisme, en obscurantisme? Lorsque l'idéologie radicale se substitue à la radicalité vécue, quand la fonction intellectuelle caparaçonne si bien le corps que les meilleures intentions tournent aux pires.

Ainsi furent abruptement imputés à crime des différences, des dissentiments, des malentendus que la simple amitié aurait aplanis ou réglés par un éloignement mutuel, sinon sans souffrance, du moins sans drame ni éclat pathétique (comme il en va chez les amants qu'une passion absolue a emportés).

Sous la sincère exultation des rencontres, qui nous rendait diserts jusqu'à l'extravagance, un secret malaise hantait les chevaliers d'une table mythique et idéalement ronde. À la liberté d'errer et de nous aventurer à tâtons sur le terrain du vécu où, méditant d'aller plus avant que Groddeck, Reich et Marx, nous voulions ancrer le projet d'une révolution globale, se mêlait la crainte de démériter; une crainte que notre prétention d'atteindre à un objectif aussi démesuré contrebalançait tantôt par une placide mégalomanie, tantôt par une susceptibilité fébrile et hargneuse.

Nous qui avions érigé en internationale de la subversion un quarteron d'individus prêts à défier l'irrépressible hostilité du monde dominant, comment aurions-nous laissé la peur se glisser entre nous tel un serpent parmi les anguilles?

Cependant elle était là, palpable, cette anxiété qui forme l'un des ressorts les plus ignobles de l'oppression.

Nous qui nous gaussions des distinctions et des titres honorifiques décernés par une société servile, nous n'en étions pas moins disposés à occuper, dans l'histoire universelle de l'émancipation, une place dont la prééminence nous semblait aller de soi.

Certes, tel n'était pas notre mobile, ni même notre souci. Cette candeur aguerrie, qui fut aussi un trait déconcertant de l'Internationale situationniste, n'était qu'une conséquence de la géniale pertinence que nous reconnaissions à nos analyses; et à vrai dire, rien ne les a démenties à ce jour, bien que les poursuivre plus avant eût mieux valu que les couronner d'un *satisfecit*, dont le spectacle excelle à tirer parti.

Tandis qu'à la faveur de beuveries émaillées d'analyses fulgurantes se consolidait le creuset de créations et d'idées neuves où se forgerait la conscience radicale du Mouvement des occupations, le persiflage amical, le rire, la dérision, la critique ouverte et franche, la commensalité qui retrempait une fraternité inaltérable, estompaient aisément cette pusillanimité, cette prudence apeurée, cette méfiance subitement aux abois; sans jamais les effacer.

L'inquiétude demeurait endémique, à l'égale de la haute conscience dont nous nous targuions. Car, comme il était d'usage de longue date dans les sociétés régies par quelque inquisition religieuse ou politique, ce n'est pas la communauté qui se sépare du membre malade, c'est l'individu qui s'exclut lui-même en tolérant ses propres défaillances.

Pourquoi prendre la pose pour entrer dans l'histoire alors qu'elle était en nous et devant nous ? Plus nous débusquions, presque de façon tangible, ses ressorts près de se détendre, plus elle nous transportait au-delà de cette fragilité qui nous ballottait du péril de l'être à une exaltation non moins dangereuse.

Certes, nous avions l'ambition de faire l'histoire afin qu'elle cesse de nous défaire selon une tradition séculaire. En effilochant le linceul du vieux monde, nous voulions tisser de neuf notre propre destinée, sur une société tramée selon les exigences incommensurables de nos désirs.

Quelque chose nous illuminait qui ne procédait pas d'une source extérieure mais d'une puissance de vie enfouie en nous, si irrépressible parfois qu'elle nous effrayait — j'ai conscience de l'avoir, à l'époque, poussée comme par défi jusqu'à l'outrance hédoniste ; jusqu'au point où l'exubérance débridée, sauvage, chaotique en appelle aux frappes chirurgicales de la mort pour rétablir l'équilibre de la survie.

Il ne régnait alors entre nous ni rivalité ni concurrence. L'émulation suffisait et nos différences jouaient en faveur d'une autonomie dont nous nous prévalions. Mais jusqu'à quel point ? Au-delà de quel pont les spectres de nos anciennes hantises vinrent-ils à notre rencontre, nous sommant de contresigner, pour preuve d'adéquation au projet révolutionnaire, un contrat de cohérence entre nos idées et nos protestations de bonne conduite?

La suspicion s'accrut avec le nombre de nouveaux camarades, récoltés au cours du printemps de 1968. Il y eut parmi nous des ivrognes sympathiques et balbutiants, des agressifs armés de bonnes intentions, l'un ou l'autre rêveur nonchalant, quelques Fouquier-Tinville en mal de procès. Il en naquit plus de résolutions d'en découdre avec le vieux monde que d'en fonder un nouveau. Les exclusions furent à la mesure des bonnes volontés nécessairement décevantes.

N'aurait-il pas suffi, pour éviter d'en arriver là, de cette générosité qui était en nous et qui eût, bien mieux que les bruits de chaînes de la théorie et de la pratique, garanti les progrès de la conscience et de la radicalité?

Or ce sens humain, propice à l'ouverture, même si elle expose à l'erreur et au tâtonnement, fut, sinon battu en brèche, du moins supplanté par une adhésion rhétorique, par une profession de foi plus conforme à l'émergence d'idées nouvelles qu'à un bouleversement des modes de vie.

Il s'ensuivit, dans la retombée du Mouvement des occupations, un climat de dissimulation, voire d'hypocrisie, où bien entendu les appels à la transparence, la dénonciation des mensonges, la chasse aux défaillants prenaient le pas sur les plaisirs de la création.

Il y eut — y compris chez moi, qui n'en sortirais qu'avec le *Livre des plaisirs*, trois fois repris et recommencé — une atterrante vacuité de pensée. C'est pourquoi jamais tant de clarté ombrageuse ne fut abruptement projetée par des situationnistes sur d'autres situationnistes dans la seule préoccupation de dénoncer les carences, de fustiger les incongruités, de débusquer l'hérésie afin de pourvoir en condamnés exemplaires les charrettes de l'exclusion salvatrice.

Ce qui nous emportait n'était plus qu'un divertissement morbide où s'esquissait — dans une rassurante absence d'échafaud — le système de dénonciation et de lynchage illustré par les régimes totalitaires.

Les intellectuels Pol Pot et Mao Zedong tourmentaient les porteurs de lunettes, signe éminemment distinctif de l'intellectualité, comme chacun sait. Le ridicule, en l'occurrence, tua le plus férocement du monde.

Quand le mouvement de la vie dépérit, le salut par la damnation prend le relais. Ôtez aux amants, aux amis, à la solidarité sociale cette puissance affective capable d'apaiser, de panser, de résoudre les contrariétés, les dissentiments, les mouvements d'humeur et vous verrez suinter cette tache de sang intellectuelle que Lautréamont avait perçue sur le front de qui se renie en tant qu'être humain, au nom de la pensée.

Le bon droit nous ôtait toute culpabilité. Que ce bon droit fût une imposture et que je sois entré aussi aisément dans sa logique mensongère ne m'en culpabilise pas pour autant, mais j'en ai tiré une leçon : ramener toutes fautes

— les miennes et celles des autres — à une erreur et faire fond sur la solidarité humaine pour entreprendre de la corriger.

Le refus des idéologies a été l'une des contributions essentielles de l'Internationale situationniste à la lutte pour l'émancipation. Mais au prix de quelle ambiguïté! Il est rare qu'une vérité s'aveugle autant sur la fragilité de ses assises.

Car dans le même temps que notre lucidité cinglait l'air du temps, nous persistions à sacrifier le vécu à la machinerie intellectuelle et à cautionner cette séparation d'avec soi qui fabrique l'idéologie. Pourtant — et là réside encore la force du projet situationniste — il recèle dans sa radicalité de quoi remédier à ce qui l'a fait boiter, chuter, déchoir même.

Le situationnisme n'a récupéré que des détritus. Libre au marché de travestir en colifichet l'une ou l'autre idée que nous avons laissée se fossiliser, il se trouvera toujours quelqu'un pour remonter la filière, découvrir sa genèse et suivre à la trace ses avatars, de sa richesse originelle à son éventuel appauvrissement.

Le dépassement est la seule critique pertinente; le reproche n'est qu'une plus-value dans le processus de renouvellement fictif du spectacle.

Combien de livres peuvent-ils prétendre, à l'instar des écrits situationnistes, circuler en tant qu'objets achetés et vendus sans que leur contenu soit récupéré par cette société spectaculaire et marchande dont l'omnipuissance n'a jamais été aussi avérée ?

La radicalité met toujours les rieurs de son côté. C'est un piquant divertissement que de voir se contorsionner, entre admiration et exécration, ceux qui se réfèrent à l'Internationale situationniste sans se référer à leur propre vie quotidienne. La frénésie intellectuelle est moins un exutoire à la nullité existentielle qu'à l'absence d'une créativité qui la puisse révoquer.

Qui ne se choisit pas n'a que le choix de ses carences.

L'Internationale situationniste a essaimé de nombreuses idées nouvelles. Mais à considérer le fumier méphitique produit par le spectacle, on se dit que la culture n'est pas le bon endroit où les semer.

Toute idéologie porte la marque du grégaire et de l'individualisme parce qu'elle est le résidu profane d'une religion qui relie les êtres entre eux en les coupant d'eux-mêmes. Ce qui les unit est précisément la vertu du sacrifice, le renoncement à une vie terrestre, seule capable de restaurer l'unité du vivant.

Comment la scissiparité, entérinée par la fonction intellectuelle, n'engendrerait-elle pas le sectarisme et le despotisme? Quelle émancipation attendre d'une fragmentation de l'être et d'une pensée qui, sous prétexte d'appréhender le monde, s'en sépare et s'identifie à sa part aliénante, celle qui nous pense.

Si libérale, si libertaire qu'une idéologie se veuille, elle finit toujours par exhaler l'haleine du fanatisme.

Pourtant, la vie d'un individu, quel qu'il soit, est unique, incomparable, irréductible à aucune autre. L'adhésion à une idée, à une croyance, à une identité grégaire est la cause et la résultante d'un tourment, d'une cruauté épidermique, d'une torture intime et sournoise. En gommant les différences, elle impose un uniforme qui arrache la peau.

Un cilice conceptuel comprime le vivant, lui infligeant ce prurit de l'ennui qui cherche dans le premier prétexte venu l'occasion de s'apaiser en se grattant furieusement. Qui s'étonnera que des tréfonds de l'humanisme monte soudain, comme un remugle, la haine de l'humain?

Les méprisants s'abusent en appelant « ratés » les gens qui servent de marchepied à leur prétendue réussite. Les uns et les autres ne sont que les séides du grand jeu de la négativité. Petits ou de haut vol, quelle importance puisque la mise est déjà perdue.

V. La subjectivité radicale. Éloge du combat solitaire et solidaire.

J'ai toujours eu le sentiment d'être, dans le fracas du monde, une voix solitaire, et cependant audible. La singularité est un défi à l'improbable. Rien n'est acquis dans le jeu si ce n'est la passion de jouer.

Quelle main insolente et mal assurée a fait rouler les dés quand, de ma lointaine ville de province, j'envoyai à Henri Lefebvre un essai inspiré par les mots de Lautréamont : « La poésie doit être faite par tous, non par un » ? Je jouais là un de ces coups dont chaque coin de rue, chaque pas peut-être, détient, qu'il se révèle ou non, le secret de l'extraordinaire. De ce jour se noua entre Guy Debord et moi une amitié qui eut le privilège d'être sincère jusque dans les heurts de l'inimitié finale.

Mon exaltation à rejoindre l'Internationale situationniste tenait à un terrible esseulement au sein d'une société méprisante, méprisable, hostile et insidieusement tutélaire ; à la rage obsidionale qu'entretenait un encerclement de plaisirs et de peines sans passion; à la guerre démilitarisée qu'au fond des carrières de porphyre, à coups d'explosions et d'appels de sirènes, le capitalisme menait contre les ouvriers. À un cœur débridé et à une tête un peu folle, où ne se tramaient rien de moins que la subversion totale du vieux monde et l'anéantissement d'une civilisation haïssable depuis près de dix mille ans.

Solitaire, je le suis plus que jamais. Je le déclare sans animosité, sans souci de m'en plaindre ou de m'en glorifier, ce qui est tout un.

C'est une solitude peuplée d'êtres que j'aime, à qui je ne demande rien. Je la sais habitée par d'autres dont j'ignore l'existence et dont je n'attends pas davantage car je sais qu'ils peuvent, d'un jour à l'autre, tout me donner.

Les premiers me touchent de près, leurs caresses m'émerveillent. Des seconds m'échoient de temps à autre, par les fissures du crible qui filtre, transvase et transforme en mensonges les nouvelles du monde, des messages attestant d'une évidente et universelle volonté d'émancipation. Outre le réconfort, j'y découvre une raison supplémentaire de ne concéder aucun gage au spectacle et je me félicite de n'y avoir jamais dérogé.

À l'endroit de ce que la machinerie médiatique grappille de ma pensée et de mes actes, j'éprouve l'indifférence de l'averse effaçant sur un trottoir des traces de vomissure.

Il est des retraites hautaines, désespérées, pathétiques, ridicules. L'idée que les récifs soient plus nombreux et plus solides que les barques qui ambitionnent de les franchir ne nous a pas arrêtés. Nous voguions à contre-courant de la veulerie existentialiste, alors colportée par les Sartre et autres Camus. Nous abominions la conception ontologique et cléricale d'une impuissance de l'homme, que sa dignité et son courage assumaient jusque dans la révolte vouée aux échecs de Sisyphe.

Si nous établissions la cartographie des écueils, c'était pour les dynamiter afin de naviguer selon nos désirs.

Il existait une fabrique du désespoir universel et nous avions résolu de la démanteler. L'exploitation économique avait cessé de dissimuler dans les brumes du divin les mécanismes qui produisaient du profit en dépeçant la société et les individus, en leur arrachant les promesses de vie dont ils avaient hérité en naissant.

L'espoir n'est qu'un misérable palliatif. Nous avions sous les yeux l'exemple de l'auteur des *Mains sales* qui, après avoir flirté avec les staliniens, pataugeait dans la boue et le sang de ce maoïsme où il pensait retrouver les perles de la société sans classes, que Marx aurait jetées aux pourceaux.

Mais, comment ne pas en convenir? de nous aussi le désespoir a eu raison. Certes, d'une façon plus subtile et sans que nous ayons à désespérer précisément de la Raison. Il nous a pris au piège d'un radicalisme qui nous auréolait d'une sacralité sarcastique. En faut-il davantage pour qu'une involution change l'or en plomb?

La théorie péremptoire se flatte d'une élégance ligneuse, qui ne s'aperçoit pas qu'elle devient langue de bois. Il suffit pour s'en convaincre de parcourir la littérature à prétention situationniste : tout dans le ton incisif, rien dans la pensée.

J'ai gardé de cette déconvenue une méfiance envers ceux qui font profession de dénoncer un traître, un salaud, un faux ami au lieu de s'en prendre à un système qui corrompt les êtres selon l'ordre des choses. Dans le règlement de comptes, la comptabilité l'emporte sur la vie. Le sacrifice propitiatoire porte la marque flétrissante du pouvoir. L'infamie du haut se purge avec le clystère de l'infamie d'en bas.

Mon but a toujours été d'accéder à l'autonomie, à l'indépendance, à m'affranchir de toute forme de gouvernement, voire de toute inclination impérieuse qui, s'exerçant en mon nom ou au nom d'intérêts prétendument supérieurs, entraverait les désirs que la pulsion de vie excite en moi.

L'important n'est pas d'aboutir, mais de partir de la base et de s'en éloigner sans jamais la quitter. La base, c'est l'expérience vécue par la collectivité et par chacun des individus qui la composent.

Je m'éloigne de ma source première et je perds mes assises dès l'instant que je m'abstrais du vivant, que je me coupe de sa genèse, de ses égarements, de ses dérives inopinées. Je me galvaude au moment où j'oublie, néglige, dédaigne d'en revenir à la racine des êtres pour la conforter, l'affermir avec la bienveillance attentive d'un jardinier.

Apprendre à nous replanter seuls en terre fertile? À vrai dire, nos racines n'ont jamais cessé d'être où elles se trouvaient à l'origine, mais la frénésie des affaires courantes nous en a écartés. Nous avons fini par ignorer où elles poussent.

Force nous est de retrouver nos rhizomes épars, de les repiquer alors qu'il aurait été si simple de les marcotter afin que partout ils fassent souche. Et pendant ce temps-là, s'épaississent les ombres d'hommes qui nous entourent, nous oppressent, massacrent, se tuent et proclament depuis des siècles que notre « identité » gît dans un tombeau, une fosse commune au-dessus de laquelle flottent les oriflammes, les drapeaux — ces torche-culs — dont s'honorent la nation, la race, la religion, les systèmes d'idées. Ceux qui les cherchent là ne découvrent que leur cadavre.

Progresser humainement, c'est — individuellement et socialement — partir de sa pulsion vitale et y revenir sans cesse pour l'affiner.

Dans le feu qui couve sous la cendre de notre époque rougeoient les braises de la Commune de Paris. Le souffle qui l'embrasera est en nous, c'est la volonté de vivre, c'est l'aspiration de chacun à son bonheur et au bonheur de tous.

Nous sommes la source de nos désespoirs, non parce qu'elle sourd de notre passé mais parce que, au lieu de nous abreuver où jaillit l'innocente fraîcheur de la vie, nous allons, sans remonter plus avant, boire en aval une eau déjà troublée par l'amertume de ce qui nous fut ôté.

L'énergie vitale engorgée devient une énergie de mort. Le nazisme l'a si parfaitement démontré que, parmi ses plus ardents ennemis, la plupart n'ont pas compris jusqu'à quel point ils avaient subi sa contamination. Par virus? Non, par habitude! Les prédateurs se combattent mais ne combattent pas la prédation.

La rage contre le mépris et l'autorité est rongée par le mépris et par l'autoritarisme. Où rien ne change tout est interchangeable.

Le feu de l'enfer n'est que l'envers du feu de vie.

Le mépris partage avec la mort la conception consolante d'une égalité irrévocable, en regard de quoi les inégalités terrestres paraissent précaires et transitoires. L'esprit transcende la prédation, la vengeance se satisfait d'espérance, l'amertume attend le vomissement décisif qui la soulagera. Comme devant le revolver, jadis baptisé « égalisateur », il n'y a plus ni autorité ni hiérarchie qui tiennent. Le crachat expectoré ou ravalé règle le temps de la vengeance imminente et différée. La contemption est l'arme secrète des désarmés.

Comment s'accommoder de cette égalité de caniveau sans se mortifier dans le déni de sa propre vie ? À quel degré d'anéantissement consentira-t-il celui qui sacrifie aux simulacres au lieu de s'adonner à une vie dont le cœur bat au moindre de ses désirs ?

L'esprit est la forme la plus cruelle de la bestialité.

Nous naviguons quotidiennement au sein d'événements fluctuants dont aucun n'est anodin ni insignifiant. Ils forment une vague dont l'ampleur et la faiblesse se chevauchent, se conjuguent et le plus souvent déjouent nos prévisions. Nous ne cessons de progresser, de reculer, de nous cabrer, de virevolter entre havre et naufrage et, pourtant, il existe entre le passé et le présent, qui nous pressent et nous compriment, un interstice où la volonté de vivre irradie d'une lueur insolite. Elle est là comme un fanal en suspens, parée à guider celui qui a choisi de s'en remettre à elle.

J'éloigne de moi toute forme d'obédience et de respect. Mozart, Boccherini, La Boétie, Fourier, Hypérion suffisent à mon bonheur sans que j'aie à en mesurer le génie.

Je n'éprouve nulle admiration, je me tiens à l'écart de qui m'en témoigne. Je n'ai que des affections et des émerveillements.

Il faut ne s'aimer guère pour élever un autel à sa gloire. Le culte des grands hommes est un culte d'esclaves.

Je ne ménage d'autres rencontres qu'avec celles et ceux qui me comblent de joies car ils me donnent licence d'être avec eux tout à fait vrai.

Le vrai génie se cherche sans cesse, comme si, s'étant trouvé, il s'avisait de son insuffisance.

Dénoncer une injustice ou une barbarie sans entreprendre d'éradiquer le mal à la racine expose à un risque dont tout pouvoir constitué sait habilement tirer profit : il cherche des coupables au lieu d'agir sur les conditions qui les produisent.

La vieille tradition du bouc émissaire imprègne de ses suintements nauséabonds la plupart de nos comportements. La plus lâche des commodités consiste à se délester impunément de son malaise, de ses humeurs sur un proche, un voisin, un compagnon, soudain accusés de déviation, de carence, de trahison, plutôt que de s'en prendre à la cause des contrariétés.

L'honnête dénonciateur d'une indignité se mue avec aisance, sinon avec complaisance, en un indigne délateur. Le négatif tient sa proie et la proie se fait prédatrice. Illuminé de vérités dogmatiques, le sentiment humain s'obscurcit et rejoint l'ombre où croupissent indistinctement les objets d'un opprobre vrai ou faux.

Les bons esprits vouent aux gémonies un peuple qui prend un plaisir funèbre à se détruire avec le glaive de l'idéologie ou de la religion et ils sacrifient à la même pulsion suicidaire chaque fois qu'au bonheur à forger ils préfèrent l'infortune du travail. Quand ils se révoltent, c'est encore pour y invertir l'énergie du courage impuissant. Personne n'a tiré en ce sens les leçons du nazisme, du stalinisme, de l'islamisme.

Il est plus commode de dénoncer un pauvre hère devenu patron, chef d'État, flic ou tueur mafieux que de considérer par quel glissement l'énergie vitale se mue en puissance de mort. Le premier à jeter la pierre est souvent le dernier à soupçonner la graine de salaud qui germe en lui.

Partout où la révolution a toléré qu'une autorité la subjugue, elle a donné des gages à ce pouvoir prédateur qui tire parti de ce que la vie défaille pour en précipiter la faillite. La morsure de l'esprit inocule le venin de la défaite jusque dans les triomphes de la jubilation. Nous donnerons des gages à la souffrance tant que nous n'aurons pas reconquis notre véritable espace vital, celui d'une existence à laquelle nous aspirons, sans en franchir le seuil, où nous mourons.

Le corps est la terre où fructifie la volonté de vivre. Que la terre aussi soit notre corps et non plus le linceul où l'esprit céleste l'ensevelit.

Dans le combat de la vie contre le multipartisme de la mort, nous sommes occupés à inventer une guerre civile pacifique.

Tu veux défendre l'humain et ses libertés? Apprends d'abord où se situe ton point d'équilibre; car sur la corde raide qui surplombe nos abîmes, nous n'avons d'autre assurance que le frêle balancier de la volonté de vivre. Il est cette infime totalité qui nous garde du néant.

La passion de vivre a ceci de commun avec la passion amoureuse : rien n'y est acquis, rien n'y est joué qui ne se rejoue aussitôt. J'ai la faiblesse de penser que rien ne me sera refusé tant que je consacrerai chaque instant à ce jeu-là.

L'humanisme est le fumier de l'humain, celui où l'homme pourrit en laissant croire qu'il va fertiliser la terre.

Les meilleures intentions tuent quand ce n'est pas le désir de mieux vivre qui les nourrit mais le calcul.

D'où vient la mauvaise odeur de la société marchande? Du cadavre que traîne en nous le cercueil du passé. La véritable révolution, c'est d'apprendre à vivre parmi les vivants.

La tare de la femme a été d'imiter l'homme, de se mépriser en tant que femme pour s'arroger ce pouvoir par lequel il l'opprime comme il opprime ses semblables. Ainsi a-t-elle pendant des générations — et jusque dans la virilité du féminisme — perpétué la peur et la haine de sa nature si pleine de vie.

Que de temps pour apprendre que le seul temps où je me reconnaisse est celui du vécu ; parce qu'il est le seul à me connaître intimement.

Voilà une pensée que j'ai formulée bien avant de la sentir à l'œuvre en moi. Était-ce là une idée conçue dans la tête et pénétrant peu à peu dans le corps ? Je ne le crois pas. Non. Il n'est rien qui ne naisse de notre chair. Ce qui nous vient en surface est souvent en gestation dans les profondeurs du « ça ».

À l'égal du cœur, le cerveau sert de collecteur et de diffuseur. Le système d'irrigation mentale est indissociable de la circulation sanguine.

La pensée vivante est l'émanation d'une vie qui peine à se faire entendre tant l'esprit l'ignore et la réduit au silence.

La peste brune et le populisme ne sont que les symptômes aigus du clientélisme politique et religieux venu combler l'inanité des idéologies et des croyances. Son fond de commerce, c'est l'homme déshumanisé et en miettes, qui rêve de se recoller avec le ciment de ses bassesses.

« Une civilisation qui change l'homme et le monde en objet de profit confie à la mort les rênes de sa destinée. » Il m'a plu de l'affirmer, de le redire à la façon du *delenda Carthago*. Ainsi m'est échue la résolution de n'attendre rien et de tout miser sur la passion du vivant.

Si les mots ne s'attisent plus à la flamme qui couve en moi, ils ne seront que cendre et fumée.

Ceux qui croient à la révolution et l'érigent en profession de foi ont, comme les dévots que Dieu console de leur vacuité, un remugle de soutane.

Qu'est-ce que la part ténébreuse recélée par chacun si ce n'est l'ombre portée d'une inhumanité qui nous ronge depuis que s'est instillé partout le venin de la civilisation marchande ?

Cette inhumanité est si profondément implantée dans la chair qu'elle ulcère jusqu'aux racines de l'être. L'arracher la régénère, comme le kobold dont chaque tête repousse si toutes ne sont pas tranchées d'un seul coup.

La vieille tyrannie se rhabille de neuf chaque fois que l'émancipation se confond avec le défoulement revanchard. La frustration qui se débonde n'ouvre pas les chemins de la liberté. Gardez-vous des âmes meurtries qui exhibent leurs cicatrices, elles rêvent de régner sur un monde d'éclopés.

La seule façon d'extraire l'écharde et de soigner la plaie, c'est de renforcer l'amour de la vie en fertilisant la gratuité des plaisirs quotidiens.

C'est une imposture que d'exhorter à un comportement plus humain sans créer une collectivité sociale capable de supplanter l'emprise économique qui la vide de sa substance.

Le consumérisme est une victoire à la Pyrrhus à laquelle nous n'échapperons qu'en restaurant une base psychologique et sociale où tous nos besoins primaires soient mis au service du développement humain. L'éducation, la santé, les transports, le logement, l'agriculture, les énergies naturelles sont des services publics, non des secteurs rentables. Nous ne briserons la tyrannie marchande qu'en rétablissant la vraie vie partout où l'économie l'opprime, l'entrave, la falsifie.

La gratuité est la seule arme dont nous disposions mais c'est une arme absolue parce qu'elle ne détruit pas. Nous sommes des millions à la posséder, très peu à en avoir conscience, et moins encore à oser y recourir.

Les situationnistes ont conféré du génie à leur perspicacité en un temps où personne n'était de taille à leur en contester le droit. Les en glorifier aujourd'hui serait une insulte, eu égard à la carence mentale dont la propagation s'apparente à une pandémie.

Pourtant, je persiste à penser que le génie est, comme l'amour, la chose au monde la mieux partagée. À qui éprouve le désir d'inventer, de créer, j'ai envie de dire : obstine-toi! Ce que tu as en toi, donne-le jusqu'à la fin des temps, afin que soient semés sans cesse les germes de l'émerveillement.

Comment se faire entendre? Tout est agencé pour nous rendre sourds à l'essentiel.

Commencez donc par écouter ce qui vient d'un autre monde, le vôtre!

Jamais la médiocrité des dirigeants n'a été aussi honteusement applaudie. Si cette nullité à laquelle ils se réduisent en vient à passer pour quelque chose, c'est en vertu de l'avilissante croyance que l'homme est né pour être régenté, sommé, inféodé, commandé, contraint; qu'il n'a pas la faculté d'agir de façon autonome, qu'il est incapable de créer sa propre destinée.

Sur les murs de la grisaille existentielle qu'élèvent autour de nous les commis voyageurs de l'affairisme mondial, je souhaite que refleurissent ces mots de Loustalot, qui, depuis la Révolution française, n'ont rien perdu de leur insolente nouveauté : *Les grands ne nous paraissent grands que parce que nous sommes à genoux. Levons-nous!*

Rien n'est plus salutaire aujourd'hui que d'éradiquer la prédation, le pouvoir, l'autorité, en quelque milieu, en quelque faction, en quelque subjectivité tourmentée qu'ils sévissent.

Que sont-ils ces gouvernants gouvernés par l'argent, ces êtres figés dans le refus mercantile de la vie, parce qu'elle est sans prix ? Rien. Ils ne méritent ni haine ni amour. Ne perdez pas à les combattre une énergie que réclame le projet de vivre de façon plus intense, plus authentique, plus harmonieuse !

Ignorez-les en ignorant leurs injonctions mortifères ! Pratiquez une désobéissance civile qui établisse la suprématie de l'humain sur la barbarie !

Si vous les dénoncez, que ce ne soit pas pour les clouer aux piloris que leur haine a dressés mais pour les dissuader de poursuivre cette œuvre de mort qu'est l'emprise de la marchandise sur la vie.

Je n'ai à ma portée d'autre génie que ces innombrables petits génies du vivant, jadis appelés δαίμονες. À la moindre faille où la réalité se fracture, le désir me pousse à les convoquer en moi et autour de moi.

Parfois, quand la lassitude me prend, je me dis : « J'en ai fait assez pour ne m'arrêter jamais. »

La bouteille n'est pas toujours de moindre importance que l'ivresse. À nous enivrer de plaisirs au flacon du désespoir, nous dédions à la mort les plus belles fleurs de notre jardin et nous payons très cher ce qui par grâce nous a été offert.

Quoi de plus absurde que le monde de la raison marchande! Plus l'homme s'y sent étranger, plus il lui accorde une réalité dogmatique fondée sur ce qu'il n'est pas.

La vision qui nous a été imposée du réel repose sur une croyance, coulée dans l'interstice qui sépare l'homme de sa vivacité naturelle. Elle a plus de force que les religions, engendrées de son vide et successivement conçues et démontées au fil des siècles, car elle découle de l'accouplement originel d'où naquit notre histoire : celle de l'homme avec la volonté de se détruire. C'est à cette histoire-là que nous allons mettre fin pour que commence l'histoire de la destinée humaine.

Juger notre projet en termes d'échec et de réussite le réduirait au défi que Prométhée lance aux Dieux. Or, le crédit qu'il leur accorde est précisément ce qui le perd.

Il n'y a ni divinités ni héros, il n'y a que des hommes en quête de leur humanité.

Miser sur la volonté de vivre dans une société qui l'inverse n'est pas un défi, c'est un pari.

Les blousons noirs politisés ont saisi la Sorbonne
Pour contester et pour briser ils ne craignaient personne,
dit une chanson de Mai 1968.

Jeune professeur à l'école normale de Nivelles, dans le Brabant wallon, je gagnais chaque jour ma classe, vêtu d'un blouson de cuir noir élimé, nouant, sous le regard désapprobateur du directeur, petit homme vil et mesquin, une cravate que les convenances de l'époque prescrivaient obligatoirement. C'était une cravate rouge sang de bœuf. Je l'extirpais de ma poche avec les gestes calculés du défi. Pourtant au plaisir d'affronter le nabot avec un sourire désinvolte et provocant se mêlait une rage que l'audace de le gifler n'aurait pas même apaisée. Le vrai plaisir, en revanche, renaissait lorsque, déambulant, mes élèves et moi, à travers les vastes paysages littéraires nous tentions d'invoquer cette conscience sensible du vivant, sans laquelle les individus et les sociétés s'adonnent à la barbarie ordinaire.

J'aurais pu étrangler l'immonde bureaucrate qui, dans le couloir de *son* établissement scolaire, consultait sa montre à mon approche et décrétait en mesurant le temps que lui et les siens me volaient : « Trois minutes de retard, monsieur ! » Or, trois minutes plus tard, au milieu de mes élèves, un tourbillon de questions disparates où s'agitaient Nietzsche, Diderot, Satie, Villon, Lucrèce m'étourdissait au point d'outrepasser l'heure de cours sans que je m'en aperçusse.

Je n'arborais pas seulement l'uniforme du jeune voyou, ma peau en était l'étoffe. J'étais de révolte incarnée et d'humanité ivre de caresses charnelles.

Les émeutes de banlieues ont ravivé en moi l'alternative ou la passion contrastée qui s'emparait de moi en franchissant le seuil de l'établissement où j'enseignais : la tentation de bouter le feu aux quatre coins du monde et une irrésistible aspiration à l'amour, au savoir, à l'harmonie.

J'ai revécu rétrospectivement la puissance des deux violences opposées qui s'imbriquaient jadis en mon incertaine construction, lorsque *leur* institution éducative et *leur* monde réifié brisaient et piétinaient chaque jour le désir où *mon* école et *mon* univers me faisaient l'arpenteur d'immenses territoires à libérer.

Ce qui m'a empêché d'incendier, de dévaster, de raser ce bâtiment aux allures de caserne et de pénitencier, c'est qu'à l'ombre de l'ignorance érudite et de l'oppression pédantesque se cultivait un jardin où ce que la liberté faisait croître n'avait plus besoin de tuteur.

Comment ne pas percevoir, à la lueur des voitures brûlées dans les ghettos de pauvres, la flamme d'une vie à laquelle le pouvoir n'offre que le choix de se consumer ?

Le vrai crime est d'aveugler par la haine car la haine est l'essence du pouvoir et, jusqu'au cœur même des insurgés, il détruit cette force vitale, cette joie exubérante, cette force créatrice capable de briser les chaînes qui l'entravent.

À défaut d'être amoureuses de la vie, nos sociétés sont assoiffées de servitude, elles la boivent jusqu'à la lie et la vomissent. L'État n'a plus qu'à se donner la peine de nettoyer.

Protéger les biens, qui sont lucratifs, contre l'humain, qui ne l'est pas, c'est interdire à l'homme de devenir vivant.

Quand l'évidence d'une telle iniquité aura percé le mur des cerveaux obscurcis, vous verrez que le brasier de tant de révoltes égarées finira par éclairer la conscience des banlieues et par politiser la canaille, héritière des blousons noirs.

Le pouvoir pue parce qu'il tue. Le jour où la volonté de vivre l'emportera sur la volonté de puissance, les prédateurs tomberont en poussières, et le vent les emportera vers ce néant qui les hantait.

Mon père était un insoumis paisible qui, à une époque où les mâles s'infatuaient de leur autorité sur la femme, ne tentait jamais d'en imposer à ma mère sans admettre, avec les grognements convenus de la désapprobation, que, de toute façon et quoi qu'il dise, elle n'en agirait pas moins selon son gré.

Il détestait l'arrivisme et se faisait un honneur de n'accepter aucune distinction honorifique dans un engagement politique où devait primer, selon lui, la sincérité des convictions.

Je me souviens de sa colère après une entrevue avec un socialiste, devenu gouverneur de province, qui l'avait tancé pour son franc-parler. Ce qui l'indignait, c'était qu'un citoyen prônant l'égalité pût le prendre de haut et exciper d'une autorité que ses pairs lui avaient déléguée.

Jamais je n'ai eu ni le goût ni le sens du pouvoir. Je me suis arrangé très vite pour n'avoir de comptes à rendre à personne, de sorte que, s'il m'est arrivé de croiser quelque arrogant, il s'est trouvé empêtré dans le ridicule de vociférer contre vents et marées tandis que je lui pissais innocemment dans les bottes.

Au nom de la révolution, un prédateur comme Castro s'en empare et la viole. Au nom de la révolution, un humaniste comme Allende la tripote et la laisse violer.

Ceux qui ont le respect de la vie n'ont pas encore compris qu'elle a moins besoin d'être défendue que de manifester sa force d'expansion. Si la révolution n'est pas une fête sans cesse renouvelée, elle se condamne aux fastes funèbres de l'apocalypse. Elle n'est que révélation et destruction.

Que tant de médiocres aient, par le passé, cru compenser la mesquinerie de leur pointure en chaussant les brodequins de la renommée, je puis le concevoir. Les échelons d'une hiérarchie, scellée dans les parois d'une pyramide dont le ciel couronnait le sommet, imposaient l'arrogance, l'ambition, l'arrivisme à la façon d'une gymnastique de survie.

Il paraissait indispensable de se hisser à un certain degré de prestige pour atteindre à un semblant d'équilibre lumineux qui vous épargnât, le temps d'une pirouette et d'un rétablissement, la chute dans la ténèbre des bas-fonds.

Mais, qu'en est-il aujourd'hui? La Babel patriarcale s'est effondrée, ensevelissant les valeurs tenues jadis pour inébranlables et sacrées. Il ne subsiste plus sous les feux de la rampe que le défilé en boucle de la nullité. Dépouillés de la pompe du passé, tous les rôles sont dévolus à la misère, au ridicule, au pitoyable. Néanmoins, le spectacle continue, le théâtre des vanités bat son plein.

Tenir un rôle a toujours suscité en moi l'écœurement. Sortir du corps, renoncer à cette authenticité qui est la vérité même de la pulsion de vie et de ses désirs, n'est-ce pas une manière de tordre le cœur, de l'essorer pour en faire parade?

Se connaître, c'est identifier ses désirs, les affiner et tenter de les accomplir selon l'harmonie d'une *vita nuova*. Celui qui les méconnaît les tourne contre soi. Son existence douloureusement mensongère a besoin de masques et d'un carnaval de vérités dogmatiques, que ses pitreries passent pour incarner.

Gardez-vous de la grimace souriante du placier politique, elle dissimule ses tourments et ceux qu'il médite d'infliger aux autres pour venger sa disgrâce.

Le pouvoir abrutit et l'abrutissement sert le pouvoir. C'est par ce biais que la révolte se laisse récupérer et tue la conscience révolutionnaire.

J'ai le sentiment de lutter pour tous les exilés du monde. Je ne suis pas de ce monde parce que j'en désire un autre, terrestre, humain, intensément aimable. Ainsi s'exprime l'enfant, ainsi commence, aujourd'hui même, l'enfance de l'homme nouveau. La transmutation sociale naîtra de l'innocence.

Je me sens de plus en plus environné de résonances. Découvrant au hasard d'une lecture un vers de James Russell Lowell : « Ose réaliser les rêves que d'autres osent caresser », je butte soudain sur une météorite de ma mémoire, chue d'une nuit obscure. Selon le terne fragment d'un vitrail onirique disparu, je conduis une voiture de sport à une vitesse insensée quand sur un panneau lumineux s'inscrivent les mots : Sois prudent, ta puissance s'accroît!

Confronté à plusieurs niveaux d'interprétation, je pense d'abord à une mise en garde contre la présomption, contre cet orgueil qui est la glu du pouvoir. Mais, n'aimant ni la voiture, ni le sport, ni la vitesse, je comprends qu'en raison du caractère caricatural de la situation mon attention est requise ailleurs. Je songe alors à ce sentiment qui parfois me submerge : le désir intense mène à son accomplissement selon des voies temporelles et spatiales qui lui sont propres. Ce qui m'effraie, c'est d'ignorer quelle ténébreuse coagulation risque d'entacher mon désir, si lumineux soit-il dans le moment où je l'exprime. Qui m'assure qu'une trémulation morbide, resurgie du passé, n'agira pas sur cette main qui gouverne le volant avec une confiance aveugle?

L'ignorance est redoutable quand le savoir la dédaigne. Tancrède ôtant le heaume d'un ennemi qu'il vient de blesser mortellement découvre son amante Clorinde.

Que faire? Comment et pourquoi descendre en mes

noirs abîmes, tel un scaphandrier, pour y répertorier mes monstres, les identifier, les sermonner ou les amender ? Je préfère m'obstiner dans un présent où les fantômes du passé ne soient plus que des ombres légères dans une chorégraphie solaire.

Pèlerin de mon labyrinthe où jours et nuits se confondent, j'avance à tâtons en psalmodiant comme un écolier : Ne doute pas de l'amour car l'amour est la certitude où les doutes se dissolvent.

Je tente de me rendre heureux non par ce que je possède mais par ce que je veux être. Chaque plaisir est une oasis qu'irriguent les eaux profondes. D'une oasis à l'autre, le désert peu à peu fertilise.

On meurt par inertie, on ne vit qu'en se recréant chaque jour.

La liberté atermoyée est aussi redoutable qu'une lame de guillotine. Dès l'instant que des raisons stratégiques la repoussent au lendemain, dites-vous qu'elle déserte les rangs de ceux qui luttent pour elle.

Le parti pris de vivre a fait de moi un conjuré. Je me voue quotidiennement à un « coup de force » qui vise à me retourner comme un gant, en sorte que mes peurs et mes angoisses paraissent venir de l'extérieur tandis qu'à l'intérieur, dans une intime clandestinité, ma volonté de vivre s'obstine, croît, s'affermit, irrésistible et passionnément impassible.

Ainsi me devient étranger ce qui me fait étranger à moi-même. Je nourris le sentiment que la vie, en se rendant insensible aux contrariétés venues du dehors, leur enjoint de ne plus m'importuner.

Nous sommes suffisamment pourvus de musées, où l'inhumanité s'exhibe glorieusement, pour nous épargner un panthéon de la contre-culture. Il ne s'agit pas d'empêtrer dans des honneurs, dont ils se gaussaient, les solitaires qui, en butte au mépris et à l'indifférence, combattirent pour que les femmes, les hommes, les enfants accèdent à une vie plus humaine.

Il me suffit de me joindre aux générations futures pour saluer, à la croisée de nos chemins, des êtres aussi divers que Jörg Ratgeb, Jöst Fritz, Sébastien Castellion, La Boétie, Cyrano de Bergerac, Jean Meslier, Henri Joseph Du Laurens, Robert Misson, Matthias Knützen, Arthur Thistlewood, John Brown, Claire Démar, Tahiri, dite Qurratu'l-Ayn, Ernest Cœurderoy, Ravachol, Louise Michel, Mecislas Goldberg, Marius Jacob, Flores Magón, Émile Pouget, Albert Libertad, Zo d'Axa, Constant Malva, Anton Ciliga,

Victor Serge, Jan Valtin, Vassili Grossmann, Ret Marut, dit Traven, Sabate, Manouchian, Armand Robin, Joe Hill, Frank Little, Jean Malaquais, Maurice Blanchard, Arthur Koestler, Walter Benjamin, Ödön von Horváth, Victor Kravchenko et tant d'anonymes qui dans une indicible solitude se dressèrent contre l'oppression et contre l'imposture des libertés marchandes.

Je salue les combattants juifs du Bund qui luttèrent à la fois contre l'antisémitisme et contre la cochonnerie religieuse imposée dès l'enfance, parce qu'ils combattaient avant tout l'exploitation de l'homme par l'homme.

Je préfère le chemin que je fraie à celui que je trouve. Seuls les troupeaux s'accommodent des voies tracées.

Nous sommes environnés de moutons qui rêvent de devenir bouchers. C'est à la mort et au déclin qu'ils croient le plus fermement. Ils sont épris de leurs terreurs. Plus ils savent qu'ils s'enliseront dans l'ornière et n'atteindront qu'à des impasses, mieux ils s'obstinent à dépérir dans le confort de la décrépitude auquel leur science se consacre.

J'ai eu jadis un compte à régler avec la mort. En œuvrant à la révolution avec l'insouciance de mourir pourvu qu'elle triomphe, j'ai formulé la question au départ d'une réponse inadéquate.

Une vérité aurait dû m'apparaître plus tôt : je ne puis me satisfaire que d'une vie qui sans cesse me satisfasse davantage. C'est dès l'adolescence, je présume, qu'il faut, en frontispice du grimoire des désirs, inscrire ce charme talismanique dont toute intercession divine ou spirituelle est exclue : « ô toi ma destinée, toi qui es en moi et au-dessus de moi, donne-moi l'amour, le bonheur, la vivacité mentale et sexuelle et une vie presque éternelle. »

La volonté de vivre a été si bien enterrée par nos soins qu'apprendre à la ressusciter réclame une énergie et une conscience précoces. Au moins savons-nous désormais que l'enfance possède l'une et l'autre. Ne tolérons plus jamais qu'elle en soit dépossédée.

Être en avance sur mon temps ne m'aura pas empêché d'être en retard sur mon futur. Que la boutade m'ôte au moins le regret et la raisonnable incertitude d'une détermination trop récente pour me garder de vieillir.

À peine en suis-je à me répéter : « Donne-toi les moyens de ton insolence ! L'important n'est pas de combattre la mort mais de se battre pour la vie, en vivant mieux », que je m'empresse de préciser : Ne te soucie pas de l'emporter ou non. Le désir de vivre se défait s'il se change en désir de vaincre.

J'abhorre cette civilisation qui arrache la lucidité à la jeunesse et la puissance au savoir affiné par l'expérience. L'âge a été dénaturé, dépouillé de la qualité inhérente aux moments

de la vie, quantifié en degrés de rentabilité, mesuré à l'efficacité d'une machine dont la médecine s'emploie à prolonger
la durée productive jusqu'à l'usure ultime.

On ne vieillit que dans le regard de ceux qui ont les yeux
du vieux monde. C'est un regard prédateur, le mauvais œil
d'une malédiction ancestrale qui, en perpétuant la croyance
en la faiblesse native de l'homme, le frappe d'impuissance.

Je n'ai, pour vaincre la peur, que l'intime conviction que
la vie ignore toute crainte.

Plus je m'abandonne aux vagues qui fluctuent en moi,
mieux j'apprends à nager sans effort, moins je tremble de
froid et d'effroi.

En moi se love un serpent qui aspire à changer de peau.
Quand aura lieu la mutation ? Je ne sais. Elle obéit à une
évolution génétique dont je ne puis régler l'échéance.

Il y a au gré des rendez-vous que j'assigne au désir un
moment dont la destinée s'empare pour le fixer fortuite-
ment : elle est la seule à savoir que le temps de l'accomplissement est venu.

Je m'en remets à la pulsion de vie, qui rythme le cœur de
la conscience sensible. Entrer soudain en résonance avec
l'une et l'autre est la cohérence selon laquelle je me guide.

La vie est un brasier qui couve sous nos scories sans cesse
accumulées. Ne cesse jamais d'entretenir le feu sous la

cendre. Ne renonce pas à un désir, apprends à le raviver afin qu'il s'embrase et change en une flambée de joie ce qui nous consumait.

La survie dépérit, la vie stagne. Ce n'est pas Armageddon qui se déroule sous nos yeux, c'est l'affrontement entre le parti de la mort prédatrice et le parti pris de la vie qui se donne.

Choisir d'être est la priorité qui déterminera notre sort et celui de nos enfants. Ce n'est pas chose aisée dans une société qui vous condamne à l'avoir comme seul mode d'existence. La vie simple n'implique ni frugalité, ni inconfort, ni quelque renoncement que ce soit. Elle est seulement le désir de se délaver comme d'une vermine des faux besoins qui la rongent.

Nous n'échapperons pas à de terribles régressions. En s'engageant dans un système de viol lucratif de la nature, l'évolution de l'homme vers plus d'humanité a bifurqué vers une voie dont nous nous apercevons aujourd'hui qu'elle est sans issue. Nous ignorons les causes de l'extinction des néandertaliens, dont la branche divergeait de Cro-Magnon et de leur civilisation. En revanche, nous savons pourquoi l'*Homo œconomicus* est condamné à disparaître après avoir sévi près de dix mille ans, quatre fois moins que la civilisation fondée sur l'économie de cueillette.

Le pillage des ressources naturelles a constitué une puissance autonome de l'argent qui, après avoir jeté l'interdit sur la vie en tant que jouissance créative, menace la survie de l'espèce humaine en détruisant la biosphère.

Or si la part la plus riche de l'homme l'a toujours sauvé *in extremis* des pires cataclysmes, il est constant que la progression du sens humain se trouve confrontée à de formidables ressacs alors que son déferlement semblait inéluctable. Nous sommes à la croisée d'une civilisation nouvelle et au bord d'une faille due à un séisme planétaire : l'effondrement d'un pouvoir millénaire et de sa voûte de soutènement.

La barbarie revient en force comme un défi aux avancées de la volonté de vivre. Ne sous-estimons pas ceux qui fascinés par les tourments du passé font de l'avenir un abîme où ils se précipitent avec une funèbre allégresse en entraînant tout sur leur passage.

Le fantasme sécuritaire et la lutte contre la violence dite terroriste relèvent des techniques de protection mafieuse. La terreur blanche s'invente une terreur rouge dont elle prône l'éradication pour mieux se propager. La mafia américaine n'a jamais autant prospéré qu'à l'époque du combat contre le communisme, où elle jouissait impunément de la sollicitude intéressée des gouvernements et de leur police.

Les mafias de l'affairisme international triomphent sous le nom de « multinationales ». Leurs tueurs vont implanter partout la loi du désespoir, de la peur et de la prédation.

Nous n'avons contre l'absurdité et le chaos du profit insensé que notre affirmation d'une vie à créer. Les armes de la gratuité sont à notre portée. L'air, l'eau, le soleil, la puissance végétale et leurs énergies inépuisables appartiennent à ceux qui en tirent la vie, non à ceux qui en font une marchandise.

Il y a cent façons de désirer se perdre; l'attrait du pouvoir est la pire.

Je supporte de plus en plus mal l'évocation littéraire de comportements que je bannis de mon existence en refusant de rencontrer quiconque en demeure esclave : le pouvoir, l'arrogance, le mépris, l'arrivisme, la cupidité, la cruauté, la servilité, le manque de générosité, la carence affective, l'absence de sens humain.

Les neuf dixièmes de la littérature contemporaine m'ennuient. « Tics et tics », disait déjà Lautréamont. Tant de complaisance dans le rabâchage d'ignominies dont Lucrèce, Dante, Machiavel, Shakespeare, Montaigne, La Boétie, Diderot, Goya, Callot, Fourier, Hölderlin, Kafka, Artaud et quelques autres de la même encre ont révélé les rouages en démontant de façon exemplaire le moteur de notre civilisation! Et pas une idée, pas un geste pour en finir avec la barbarie chaque jour recommencée.

Nous sommes induits à la haine du monde par l'animosité qu'il nous témoigne. On n'est pas cynique de nature, on le devient en se frottant à une société agressive qui appelle « avoir du caractère » se durcir l'épiderme à force de l'excorier.

Telle est l'intime dénaturation infligée à l'enfance : on lui enseigne que le monde est cruel sans lui apprendre à dépasser la prédation. Le cynique décrète que la vie est pourrie, il la vomit et se repaît du dégueulis, jusque dans l'écuelle de la révolte. Comment garantir plus sûrement le triomphe de l'économie qu'en s'économisant?

Il n'y a pas de traîtres, il n'y a que des chiens de garde qui changent de collier.

Sous le vent et la pluie de décembre, une dernière rose vient d'éclore sur un arbuste, dont la luxuriance a duré tout l'été. Frêle, incertaine, elle croît et embellit de jour en jour. Je la contemple sans me leurrer sur les raisons de mon ravissement. Sa beauté est une gageure.

Quand je m'entretiens avec elle, la salue, lui témoigne une intense et silencieuse affection, je sais qu'elle allume en moi, au profond d'une saison froide comme la mort, une lueur de vie. Sa présence apporte le démenti de la nature à son apparente léthargie.

La rose livre son combat dans une conjuration d'éléments ligués contre elle avec les pertinentes justifications de saison. Qu'une deuxième fleur naisse et, je dois bien en convenir, mon « misérable miracle » relève simplement d'une anomalie climatique. Qu'importe! Là n'est pas le fond du problème. Je ne hante pas la boutique des émerveillements de pacotille où se vendent les extases du surnaturel et de la contemplation mystique. Ce qui agit ici est une gamme de résonances que je saisis au passage, de petites notes de musique dont je me délecte à composer une mélodie intime.

Mon corps est un instrument qui se joue de moi et dont je m'efforce de jouer pour le mieux. C'est pourquoi, jusqu'en ses maladresses, il se plaît aux entrechats de l'harmonie.

Les thaumaturges de la Grèce antique imaginaient chez la femme un utérus erratique dont les divagations étaient causes de désordres. Ils croyaient y remédier en le ramenant dans le bas-ventre, à l'endroit où se trouvait la « clé de la matrice ».

Je m'accorde la fantaisie de penser qu'il existe une errance de la volonté de vivre qui la dispose à s'inverser en une irradiante puissance de mort. Je postule, en conséquence, un centre de gravité où il convient de la ramener afin que, retrouvant son point d'équilibre, elle alimente le corps de sa vivacité rayonnante.

Dans une époque où le goût de la mort accorde de grandes espérances à l'hystérie individuelle et collective, puisse notre vitalité ne se laisser jamais déraciner du corps, puisse la peste émotionnelle ne plus s'emparer de nos désirs blessés !

Est-ce une façon de redessiner mon corps à ma convenance ? Il me répugne de le voir réduit à une machinerie médicale, tout autant que découpé ontologiquement en éléments physique, psychique et éthérique.

Je suppose qu'il s'est formé en nous une image hiéroglyphique de notre existence charnelle. Mais qui oserait jurer que ses traits obéissent aux jubilations plus qu'à notre propension à les altérer ? La prudence m'enjoint de substituer l'écriture de mes désirs aux signes ambigus qu'un passé, dont je répudie les intrusions morbides, a trop longtemps retranscrits sur mon palimpseste.

Je m'invente un soleil qui réchauffe de son ardeur mes galaxies guettées par la glaciation de la mort et du déclin. Ma cosmologie personnelle récuse toute accréditation rationnelle ou irrationnelle. Elle est singulière, incomparable, incommunicable. Un hapax créé par et pour ma seule opiniâtreté. Cependant, c'est de cette opiniâtreté que je vis.

Je m'attache à ma réalité subjective plus qu'à toute autre. Elle fait souche dans le terrain de mes désirs, terrain vague, fertile, en butte aux fluctuations du passé comme aux crues inopinées du futur.

Cette réalité-là, je puis la remplir du bonheur auquel j'aspire. Il me suffit de conforter sa présence au lieu de mépriser, comme y incite cette conscience morte qu'est l'esprit, les anodins plaisirs dont elle se délecte.

Elle est ma vérité de l'être, elle ouvre, sous le vent, la pluie, le froid, les chemins du printemps vers lequel je me hâte, promeneur nonchalant qui ignore la contrainte du temps et l'oppression des lieux.

Elle est ma grande demeure, la clarté de mes amours, l'ardeur de mes passions, les combats qu'au sein d'un paysage, irradié par l'apaisement et le repos, la horde innombrable des doutes et des contrariétés livre à la résolution d'un seul — si insensée soit-elle — de vivre, de vivre encore, de vivre toujours.

Chaque fois qu'une liberté ne s'est pas enracinée dans ma vie, elle m'a échappé comme une anguille et s'est muée en serpent. Ce n'est pas que celui-ci m'ait instillé son venin, mais il a fallu l'amadouer, et que de temps perdu !

De même que l'être tire son sens de son devenir, je suis, dans le tourbillon du temps, l'incertaine volonté de ce qui m'advient.

Ce qui préexiste à l'esprit, à la transcendance, aux Dieux, c'est la vie protoplasmique, qui irrigue la pierre, la terre, le végétal, l'animal, l'humain, les phénomènes naturels. Cette force aveugle, universelle, prolixe, tatillonne, exubérante a conféré à l'homme le génie de s'accorder avec elle.

Le génie de l'homme, les fondateurs de la civilisation marchande l'ont dégradé. Ils se sont assigné pour mission de l'opprimer, de l'exploiter, de le suborner, de le faire ramper comme ils rampaient eux-mêmes devant les Dieux qu'ils avaient créés en renonçant à se créer.

C'est avec cette puissance terrestre et non céleste, immanente et non transcendante, charnelle et non spirituelle, que nous voulons entrer en résonance, afin de l'harmoniser et d'en dégager une société harmonieuse parce que humaine.

Abandonnée à elle-même, elle est un chaos qui prolifère et dévore ce que son excessive profusion a engendré. Nous sommes l'incarnation de cette énergie vitale désordonnée, elle est en nous comme nous sommes en elle.

Infimes parcelles de son immensité, nous savons désormais que la conscience peut d'un battement d'aile modifier l'univers vibratile. N'était-ce pas le secret que Prométhée méditait de révéler aux hommes? La punition de Zeus est celle qu'il s'est infligée. En ambitionnant au statut d'un Dieu, en faisant primer la volonté de pouvoir sur sa volonté de vivre, il a renié sa puissance créatrice et s'est livré pieds et poings liés aux ennemis du genre humain.

Je ressens la vie dans sa plénitude lorsque je l'éprouve comme un mystère dont je détiens la clé : je sais que je la possède et qu'elle me possède, bien que j'ignore où elle se trouve et comment elle ouvre à mon devenir d'insoupçonnables dimensions. Parce que ce mystère m'émerveille, il m'ôte, me semble-t-il, et la crainte et les horreurs qu'elle se complaît à engendrer.

J'aimerais que la vie coule en nous sans jamais s'écouler.

Notre univers dantesque et quotidien se compose de cercles dont le centre est erratique. Cependant, la plupart sont ainsi agencés que, le seuil à peine franchi, le maelström de la cohérence abstraite nous emporte et, pareils à des insectes, nous colle aux parois de ses évidences et nous contraint d'y adhérer comme si la situation allait de soi.

Les orbes de la damnation et de la déchéance possèdent une normalité qui nous captive au point de nous faire aduler les chaînes dont nous nous accablons.

Une pertinence totalitaire — physiologique, psychologique, intellectuelle, sociale — régit nos prisons existentielles; nous passons de l'une à l'autre sans en quitter aucune. Nous nous étirons en toutes et en chacune, telle une forme protoplasmique épousant les contours de ses habitacles. Nos univers carcéraux n'obéissent pas à une hiérarchie mais exercent, à divers degrés, des forces d'attraction qui, en nous captant dans leur zone de gravitation, nous soumettent à leur logique interne.

Qui a connu l'expérience d'une hospitalisation médicale sait à quel point il se meut à l'intérieur d'une machinerie thérapeutique qui obnubile ses gestes, ses pensées, ses sensations. La maladie participe de la damnation dantesque.

Le travail, la pratique financière, la spéculation intellectuelle, la science, l'art, la politique, les activités spécialisées forment des champs de cohérence refermés sur eux-mêmes. En civilisation marchande, tous les cercles sont infernaux parce qu'ils sont fermés.

Les passions constituent également des champs de cohérence, ouverts ou murés selon qu'ils alimentent la vie ou s'en séparent. Pour peu qu'ils se laissent emporter par l'amour, les amants n'obéissent pas aux mêmes attraits ni aux mêmes intérêts que l'homme d'affaires. Le rêveur contemplatif méditant quelque poème ne perçoit pas un paysage verdoyant, égayé par une cascade, de la même façon qu'un promoteur immobilier, qui en suppute le lotissement possible et prévoit de rentabiliser l'exubérance d'une eau dépensée en pure perte.

Le marché planétaire forme un cercle qui tend à dominer les autres. Un réseau d'informations vise à imposer sa *Weltanschauung* comme modèle accompli de tous les champs de cohérence. La langue de bois de l'économie débite ses copeaux à longueur de journées à l'aide de rabots médiatiques qui équarrissent la pensée vivante, l'amenuisent et font de son absence l'expression d'une époque.

Pénétrer dans l'abîme du calcul égoïste, c'est se laisser pénétrer par lui. Au regard des requins mercantiles qui le sillonnent, toute existence est une proie.

Des mécanismes, issus de l'animalité et implantés dans l'esprit qui dénature l'homme, déterminent une réalité où il faut manger ou être mangé. Des réflexes ataviques nous induisent à arracher, de notre sol le plus fertile, les jeunes pousses du vivant pour y cultiver des ersatz. Cet univers absurde est le produit de règles si incessamment répétées qu'il a fini par paraître sensé et par nous convaincre de sa normalité. Pour régner parmi les hommes, l'argent n'a pas besoin de poètes.

Mais pour qui s'attache au champ de cohérence de ses désirs et des merveilles de la vie, quelle sinistre bouffonnerie que cette société mise cul par-dessus tête où des nabots frénétiques dépouillent l'or des blés pour forger l'or de la corruption, auprès duquel ils mourront de faim !

Ma priorité absolue va aux lieux et aux temps où les plaisirs et l'amour me sollicitent. Là se bâtissent des instants dont la fugacité même prête de la constance au bonheur. Ce n'est ni un abri ni un refuge, c'est un territoire avancé, une enclave de mes forces vives dans un pays que je veux épurer des irradiations mortifères de l'argent. C'est un laboratoire qui ne me quitte pas, en quelque région inhospitalière ou hostile que m'entraînent les contrariétés de la survie. J'y rassemble mes fragments épars, mon unité s'y recompose. Le désir est une incessante refonte de soi.

Nombre d'idées situationnistes demeurèrent à l'état d'écume, dissimulant ainsi la vague, toujours réitérée, qui déferlait sur les rivages du vieux monde et minait ses assises. Peu furent affinées — comme si la nouveauté se satisfaisait des ondes de choc provoquées par le pavé jeté dans la mare du spectacle, dont nous savions pourtant qu'elle dévore et engloutit.

Nous avons négligé de pousser plus avant la notion de psychogéographie, cette errance au gré du désir, cette improvisation sur un clavier où chaque pas est une note à l'affût d'un accord, cette flânerie qui redessine et réédifie selon les calligraphies du cœur une ville, une campagne, un paysage.

Loin d'obéir aux fantaisies de l'intellect, la psychogéographie participe de notre champ de cohérence libidinal, elle relève de la reconstruction de soi dont tant de gestes économisés et de coutumes prédatrices nous dissuadent. Par là, elle contresigne l'acte fondateur de situations qui rendront impossible l'emprise délétère de la marchandise.

Elle est aussi une déambulation parmi les autres, une exploration qui révèle d'insoupçonnables exubérances. Elle enseigne à percevoir la vitalité jusque sous la carapace caractérielle que la volonté de vivre inversée en volonté de prédation ne cesse de forger, de fissurer, de démanteler, de ressouder.

Je tisse le fil de ma destinée en m'efforçant de changer la trame sur laquelle elle se faufile. Je n'ambitionne qu'à la permanence d'un devoir être dont la plénitude me gratifie comme d'un plaisir quotidien. Car ce plaisir-là donne son sens à tous les autres.

Je ne me sers pas de mes semblables, si ce n'est en ce qu'ils m'offrent en eux de plus vivant. Ce que je puise à la margelle de leur générosité les autorise en retour — non en échange — à disposer de la profusion qu'il m'arrive de dispenser.

Ainsi nul n'a besoin de se servir de moi puisqu'il dispose en moi d'un capharnaüm de pièces détachées, de projets pertinents ou désuets, d'outils neufs et usés qu'il a le libre choix d'affûter et d'affiner pour son accomplissement.

La seule impossibilité ancrée en nous, c'est la possibilité de vivre notre destinée; c'est le caractère invivable du monde qui *est*, parce que la mort est son seul devenir.

Nous sommes gouvernés par une logique de sursis qui fait reculer le trépas en prolongeant l'agonie.

La création crée la vie, il est dans sa nature de ne tuer jamais. Ce que, sur son passage, elle ruine et voue au dépérissement, ce sont les forces hostiles qui la menacent. Il lui suffit de les abandonner à leur autodestruction programmée, sans entrer dans leur jeu ni s'aventurer sur le terrain où elles sévissent.

La vie est une ingérence planétaire qui enseigne à se passer des armes de l'ennemi pour dissuader l'agression. Dans certains quartiers de Johannesburg, où la criminalité est, avec la pauvreté, l'une des plus élevées du monde, les citoyens patrouillent en refusant d'opposer la violence à la violence. Leur présence et leur détermination éloignent les malfaisants avec une efficacité tranquille à laquelle n'atteint jamais la politique répressive.

Toute violence est prédatrice, les voies de l'humain se fraient par l'inventivité et la création. C'est cela, apprendre à vivre.

Quittons ce monde qui nous quitte! Renversons la perspective, partons en quête d'une vie intense, en nous gardant des chausse-trapes où elle culbute et emploie à se nier l'ardeur qu'elle aurait mise à s'affiner.

Je veux reprendre mon temps à ceux qui me l'ont volé. J'ai toujours veillé à travailler le moins possible afin de créer, au mieux de mes capacités affranchies. La création est l'hommage de l'intelligence à la paresse. Je consacre — ou plus exactement j'essaie de consacrer — quatre-vingt-dix pour cent de mon existence à suivre ma volonté de vivre et dix à méditer sur ses effets, afin de me laisser guider par elle avec une nonchalance accrue.

« Dès que quelqu'un a compris l'être humain qu'il a en lui il comprend tous les êtres humains », écrit Stefan Zweig. Mais dès lors, comment se garder de cette « pitié dangereuse » dont il a fait le titre de l'un de ses romans ? La compréhension tourne à la compassion si elle n'émane pas de la volonté de vivre.

La connaissance de soi et du monde n'acquerra un sens humain qu'en vertu d'un apprentissage où le vivant, lentement amadoué, dévoilera la puissance de ses ressources.

Quel effort, quelle audace, quelle insolence pour raviver sans cesse en nous cette vie que tout conjure à saper, à nier, à inverser ! Quelle énergie pour la recréer jour après jour, alors que le temps se passe à ramasser ses débris ?

En pariant sur elle comme elle a toujours, même au profond de la barbarie, gagé sur l'humain. À l'instar de l'effet placebo qui, en empruntant les filières mentales, agit avec l'efficacité du produit dont il est le simulacre, j'alimente par la fascination des plaisirs une fascination de la vie qui est la source de mes plaisirs. Je fonde sur la quête absolue des jouissances une vitalité qui me recrée, tel que l'éternité me change.

Je m'en remets à une immortalité terrestre, qui a sur l'autre l'avantage de n'être pas vécue dans les limbes. Je lui abandonne le soin de dissoudre dans l'indolence du temps les peurs, les angoisses, les contrariétés dont m'accable un monde dont j'ai ourdi la fin.

Rien n'est impossible à celui que n'arrête pas l'improbable.

Le 19 décembre 2007

Suite des œuvres de Raoul Vaneigem

Pour l'abolition de la société marchande pour une société vivante, *Rivages, 2002, « Rivages Poche », 2004*

Banalités de base, *Verticales, « Minimales », 2004*

Modestes propositions aux grévistes, *Verticales, « Minimales », 2004*

Journal imaginaire, *Le Cherche Midi, 2006*

Composition CMB Graphic.
Achevé d'imprimer
sur Roto-Page
par l'Imprimerie Floch
à Mayenne, le 2 avril 2008.
Dépôt légal : avril 2008.
Numéro d'imprimeur : 70893.

ISBN 978-2-07-077476-0 / Imprimé en France.

136925